Neu im Betriebsrat – Was tun?

Einleitung

Zu Beginn der Amtszeit werden sich dem neu gewählten Betriebsrat viele Fragen stellen. Zunächst einmal gilt es, einen Gesamtüberblick über das Rechtssystem zu erhalten. Dann ist zu klären, wo das Betriebsratsgremium und der einzelne Betriebsrat im Betrieb „steht" und was seine jeweiligen Aufgaben sind. Insbesondere stellt sich dabei die Frage, wann Betriebsratsarbeit verrichtet werden darf, wie sich ein Betriebsrat gegenüber dem Arbeitgeber korrekt verhält und wie der Arbeitgeber die Rechte u_nd Pflichten des Betriebsrats anerkennen muss. Dieses Werk dient dem frisch gewählten Betriebsrat dazu, die ersten und in der Praxis wichtigsten Fragen rund um das Betriebsratsamt kurz und knapp zu beantworten.

Zur besseren Lesbarkeit wurde im Folgenden auf ein Gendering verzichtet: Alle Formulierungen erfassen stets alle Geschlechter.

Die Autoren

Sören Meyer
Rechtsanwalt in München. Studium in Würzburg, Mitarbeiter bei Kühne & Kollegen. Vertretung von Betriebsräten, Gesamt- und Konzernbetriebsräten und Arbeitnehmern.
Tätigkeit im kollektiven und individuellen Arbeitsrecht, Schwerbehindertenvertretung, regelmäßige Schulungen und Workshops für Betriebsräte, u. a. für bekannte Seminar- und Fortbildungsanbieter.

Wolfgang Kühne
Rechtsanwalt in München. Studium in München, Kanzleigründung von Kühne & Kollegen. Vertretung von Betriebsräten, Gesamt- und Konzernbetriebsräten und Arbeitnehmern.
Tätigkeit im kollektiven und individuellen Arbeitsrecht, Einigungsstellenverfahren, regelmäßige Schulungen und Workshops für Betriebsräte, u. a. für bekannte Seminar- und Fortbildungsanbieter.

www.rkuk.de

Inhaltsübersicht

I. Übersicht über das Rechtssystem
Fragen 1–16

II. Die betriebsverfassungsrechtlichen Gremien
Fragen 17–32

III. Die Amtsausübung
Fragen 33–47

IV. Ausübung von Betriebsratsarbeit
Fragen 48–57

V. Die Betriebsratssitzung
Fragen 58–78

VI. Das Monatsgespräch
Fragen 79–85

VII. Der Schulungsanspruch
Fragen 86–93

VIII. Sachmittel und Sachverständiger
Fragen 94–97

IX. Übersicht über die Beteiligungsrechte des Betriebsrats
Fragen 98–104

Muster

Der Inhalt der 4. Auflage entspricht dem Inhalt der Online-Edition 42/2026

betriebsrat-plus.beck.de
vahlen.de

ISBN 978 3 8006 8107 5

Wilhelmstraße 9, 80801 München
info@vahlen.de
Druck und Bindung: Himmer GmbH
Steinerne Furt 95, 86167 Augsburg

Redaktion: Sandra Eden, Ass. jur., Verlag Franz Vahlen GmbH, München

Satz: Druckerei C.H.Beck, Nördlingen
Umschlag: Martina Busch, Grafikdesign, Homburg Saar

myclimate shape our future

vahlen.de/nachhaltig
produktsicherheit.vahlen.de

Gedruckt auf säurefreiem, alterungsbeständigem Papier
(hergestellt aus chlorfrei gebleichtem Zellstoff)

I. Übersicht über das Rechtssystem

In diesem Kapitel werden einige grundlegende Begriffe aus dem Betriebsverfassungsrecht kurz erläutert. Es dient dazu, dem Betriebsrat eine schnelle Übersicht über die bestehenden Rechtsnormen und deren Verhältnis zueinander zu verschaffen. Für Gespräche mit dem Arbeitgeber wie auch mit anderen Betriebsräten ist es von Vorteil, wenn nicht sogar notwendig, die hier erörterten Begriffe gehört und verinnerlicht zu haben.

1. Welche Normenhierarchie gilt im Arbeitsrecht?

Die Normenhierarchie beschreibt, welche Rechtsquellen für ein Arbeitsverhältnis gelten und in welcher Reihenfolge (Rangordnung) diese zueinander stehen. Es gelten in folgender Rangfolge:

- Europarecht
- Grundgesetz
- Gesetze
- Tarifverträge
- Betriebsvereinbarungen
- Arbeitsverträge
- Betriebliche Übung

2. Wann ist das Rangprinzip zu beachten?

Das Rangprinzip greift immer dann, wenn ein Arbeitnehmer aus mehreren Stufen der Normenhierarchie Rechte für sich herleiten kann bzw. dem Arbeitnehmer aus mehreren Stufen Verpflichtungen auferlegt werden. Das Rangprinzip bedeutet dabei, dass eine Regelung nicht gegen eine andere Regelung höheren Ranges verstoßen darf.

Beispiel

Nach dem Arbeitsvertrag erhält ein Arbeitnehmer 15 Urlaubstage pro Kalenderjahr bei einer Fünf-Tage-Woche. Diese Regelung ist unwirksam, da das Bundesurlaubsgesetz (BUrlG) für diesen Fall einen gesetzlichen Urlaub von 20 Arbeitstagen vorsieht. Die Regelung im Arbeitsvertrag verstößt gegen höherrangiges Recht, nämlich das BUrlG.

3. Was ist das Günstigkeitsprinzip?

Das **Günstigkeitsprinzip** ist eine Ausnahme vom Rangprinzip. Es kommt oftmals vor, dass eine in der Normenhierarchie tiefer stehende Norm oder Vorschrift einem Arbeitnehmer günstigere Rechte zuweist als eine in der Normenhierarchie höher stehende Norm. In diesem Fall gilt in der Regel die für den Arbeitnehmer günstigere Variante.

Beispiel

Nach dem BUrlG erhält ein Arbeitnehmer einen gesetzlichen Urlaubsanspruch von 24 Werktagen (bei einer Sechs-Tage-Arbeitswoche) pro Kalenderjahr. Wenn ein Arbeitsvertrag einem Arbeitnehmer nunmehr 30 Urlaubstage pro Kalenderjahr zugesteht, ist dies günstiger als die gesetzliche Regelung. Daher geht die Regelung aus dem Arbeitsvertrag der Regelung aus dem Gesetz vor.

4. Was ist eine Betriebsvereinbarung?

Die Betriebsvereinbarung ist ein **Vertrag** zwischen dem Arbeitgeber und dem Betriebsrat und das klassische Mittel für den Betriebsrat, seine Mitbestimmungsrechte auszuüben. Die Betriebsvereinbarung setzt voraus, dass der Arbeitgeber und der Betriebsrat eine Einigung finden und regelt diese Vereinbarungen mit verbindlicher Wirkung für die Belegschaftsangehörigen in einem Vertrag (Fitting BetrVG § 77 Rn. 124).

5. Wie wird eine Betriebsvereinbarung abgeschlossen?

Die Betriebsvereinbarung unterliegt der **Schriftform.** Das bedeutet, dass die Vereinbarung nach einer entsprechenden Verhandlung des Inhalts sowohl von der Arbeitgeberseite als auch vom Vorsitzenden des Betriebsrats unterschrieben werden muss. Die Unterschriften müssen sich auf dem gleichen Dokument befinden, das gegenseitige Austauschen von Kopien mit jeweils nur einer Unterschrift ist nicht möglich. Werden Betriebsvereinbarungen in elektronischer Form geschlossen, haben Arbeitgeber und Betriebsrat, abweichend von § 126a Abs. 2 BGB, dasselbe Dokument elektronisch zu signieren.

Praxistipp

Bevor eine Betriebsvereinbarung durch den Betriebsratsvorsitzenden unterschrieben wird, muss der Betriebsrat über seine Zustimmung zur Betriebsvereinbarung abstimmen. Es liegt somit nicht im Ermessen des Betriebsratsvorsitzenden, die Vereinbarung zu unterschreiben, vielmehr muss der Betriebsrat vorher über die finale Version der Vereinbarung einen Beschluss fassen und dieser zustimmen. Es ist dabei möglich, dass der Betriebsratsvorsitzende mit seiner Meinung überstimmt wird. Erst danach ist der Betriebsratsvorsitzende durch einen entsprechenden Beschluss des Betriebsrats legitimiert, die Vereinbarung zu unterzeichnen.

6. Wie wirkt sich eine Betriebsvereinbarung auf die Arbeitnehmer aus?

Eine Betriebsvereinbarung wirkt sich unmittelbar auf das Arbeitsverhältnis der Arbeitnehmer aus, man spricht dabei von einer sog. **„normativen Wirkung".** Dies bedeutet, dass die Regelungen einer Betriebsvereinbarung unmittelbar und zwingend für bzw. gegen die Arbeitnehmer gelten. Soweit die Betriebsvereinbarung den Arbeitnehmern Rechte zuweist, sind diese für die Arbeitnehmer direkt einklagbar. Die Arbeitnehmer erlangen somit aus einem Vertrag zwischen dem Betriebsrat und dem Arbeitgeber eigene Rechtsansprüche, obwohl sie an dem Vertragsschluss nicht beteiligt sind (Fitting BetrVG § 77 Rn. 124).

7. Muss ein Mitarbeiter die Regeln einer Betriebsvereinbarung einhalten?

Ja, das ist der Fall. Wenn eine Betriebsvereinbarung Arbeitnehmern Verpflichtungen auferlegt, so sind die Arbeitnehmer grundsätzlich zur Einhaltung dieser „Spielregeln" **verpflichtet.** Das ist die „Kehrseite" der normativen Wirkung. Betriebsrat und Arbeitgeber können eine vertragliche Vereinbarung über die Verhaltenspflichten von Arbeitnehmern abschließen. Die Verpflichtung zur Einhaltung setzt aber unter anderem voraus, dass die Regeln selber wirksam sind und beispielsweise nicht gegen höherrangiges Recht verstoßen oder sittenwidrig sind.

Beispiel

Arbeitgeber und der Betriebsrat haben eine Betriebsvereinbarung abgeschlossen, die vorsieht, dass eine ärztliche Bescheinigung über das Bestehen einer Arbeitsunfähigkeit bereits am ersten Tag beim Arbeitgeber vorzulegen ist. Eine solche Vereinbarung ist für alle Arbeitnehmer verpflichtend.

8. Kann ein Mitarbeiter Rechte aus einer Betriebsvereinbarung einklagen?

Ja, wenn eine Betriebsvereinbarung einem Arbeitnehmer Rechte zuspricht, so kann er diese wie Rechte aus seinem eigenen Arbeitsvertrag gegenüber dem Arbeitgeber **einklagen.** Dies ist Folge der normativen Wirkung einer Betriebsvereinbarung, der Arbeitnehmer erhält einen echten einklagbaren Rechtsanspruch.

Praxistipp

Der Betriebsrat kann grds. nicht (quasi als Prozessvertreter) einen Rechtsanspruch für einen Ar-

beitnehmer einklagen. Es ist vielmehr Aufgabe des Betriebsrats, den Arbeitgeber (notfalls gerichtlich) zur Einhaltung bzw. Durchführung der Betriebsvereinbarung anzuhalten.

9. Was ist die sog. Sperrwirkung eines Tarifvertrags?

Sperrwirkung bedeutet, dass Arbeitsentgelte und sonstige Arbeitsbedingungen, die durch einen Tarifvertrag geregelt sind oder üblicherweise dort geregelt werden, **nicht Gegenstand einer Betriebsvereinbarung** sein können. Dies ist im Gesetz in § 77 Abs. 3 BetrVG geregelt (Fitting BetrVG § 77 Rn. 67).

Beispiel

Der Tarifvertrag des tarifgebundenen Betriebs Muster GmbH sieht einen Zuschlag auf Feiertagsarbeit von 50% vor. Soweit der Tarifvertrag den Betriebsparteien nicht durch eine sog. Öffnungsklausel einen Handlungsspielraum zuweist, kann die Höhe eines Feiertagszuschlags nicht Gegenstand einer Betriebsvereinbarung sein.

10. Kann eine Betriebsvereinbarung etwas vom Tarifvertrag Abweichendes und Günstigeres für den Arbeitnehmer regeln?

Nein, die Sperrwirkung des § 77 Abs. 3 BetrVG entfällt nicht dadurch, dass die Regelung in der Betriebsvereinbarung für die Arbeitnehmer günstiger ist als das, was im Tarifvertrag geregelt ist bzw. üblicherweise geregelt ist. Der Gesetzgeber wollte verhindern, dass Betriebsräte und Gewerkschaften in Konkurrenz um die Aushandlung von günstigen Arbeitsbedingungen treten (Fitting BetrVG § 77 Rn. 70).

Praxistipp

Die Sperrwirkung des § 77 Abs. 3 BetrVG gilt nur für eine Betriebsvereinbarung, nicht jedoch für eine sog. Regelungsabrede. Der Betriebsrat (wie auch der Arbeitgeber) sollten sich bei dem Abschluss von Vereinbarungen juristisch beraten lassen, damit nicht ein Fall des § 77 Abs. 3 BetrVG eintritt.

11. Was ist eine Regelungsabrede?

Eine Regelungsabrede ist eine **formlose Absprache** zwischen dem Betriebsrat und dem Arbeitgeber. Diese bedarf nicht der Schriftform, vielmehr spricht die Schriftform für den Abschluss einer Betriebsvereinbarung. Eine Regelungsabrede regelt in den meisten Fällen **Einzelfallangelegenheiten** oder Angelegenheiten, die kurzfristig entschieden werden müssen. Im Gegensatz zur Betriebsvereinbarung hat eine Regelungsabrede **keinen normativen Charakter.** Das bedeutet, dass Arbeitnehmer Ansprüche aus einer Regelungsabrede nicht direkt einklagen können. Hierzu bedarf es immer noch eines weiteren Umsetzungsakts des Arbeitgebers gegenüber den Arbeitnehmern (Fitting BetrVG § 77 Rn. 216).

Beispiel

Arbeitgeber und Betriebsrat vereinbaren den Ort und den Zeitpunkt einer Betriebsversammlung. Aufgrund einer gemeinsamen Absprache werden geplante Schulungen für Betriebsratsmitglieder auf einen späteren Zeitpunkt verschoben.

12. Muss ein Arbeitsvertrag schriftlich abgeschlossen sein?

Nein, ein Arbeitsvertrag muss grds. **nicht schriftlich** abgeschlossen sein, es reicht aus, wenn ein Arbeitsvertrag mündlich abgeschlossen wird. Für einen Arbeitgeber besteht (lediglich) die Verpflichtung gem. § 2 NachwG, spätestens einen Monat nach dem vereinbarten Beginn des Arbeitsverhältnisses die wesentlichen Vertragsbedingungen schriftlich niederzulegen, die Niederschrift zu unterzeichnen und dem Arbeitnehmer auszuhändigen.

Praxistipp

Ein mündlicher Arbeitsvertrag führt in Streitfällen zu diversen Beweisproblemen. Darüber hinaus bedürfen bestimmte Vereinbarungen zu ihrer Gül-

tigkeit im Vertrag der Schriftform, beispielsweise die Befristung eines Arbeitsverhältnisses. Es ist daher immer der Abschluss eines schriftlichen Arbeitsvertrags anzuraten, auch wenn dies gesetzlich nicht notwendig ist.

13. Was ist eine betriebliche Übung?

Eine betriebliche Übung ist eine sich **regelmäßig wiederholende Verhaltensweise eines Arbeitgebers** gegenüber der Belegschaft, aus der ein Arbeitnehmer ableiten darf, der Arbeitgeber werde sich in Zukunft bzw. auf Dauer so verhalten. Aus diesem Verhalten erwächst dem Arbeitnehmer ein **Rechtsanspruch** darauf, dass ihm die Leistung des Arbeitgebers auch künftig gewährt wird. Voraussetzung ist dabei jedoch, dass diese Leistung des Arbeitgebers nirgends (zB durch Arbeitsvertrag, Betriebsvereinbarung oder Tarifvertrag) festgelegt ist. Der Arbeitnehmer erwirbt den Anspruch auf der Rechtsgrundlage "betriebliche Übung" allein durch das faktische Verhalten des Arbeitgebers.

Beispiel

Über einen Zeitraum von vielen Jahren hat der Arbeitgeber an Heiligabend, Silvester und Faschingsdienstag den Betrieb jeweils um zwölf Uhr geschlossen, die Arbeitnehmer erhalten jedoch einen vollen Arbeitstag bezahlt. Eine rechtliche Verpflichtung besteht hierzu weder nach Tarifvertrag, Betriebsvereinbarung oder Arbeitsvertrag. Durch die stetige Wiederholung haben die Arbeitnehmer hier einen Anspruch aus betrieblicher Übung darauf erworben, dass auch in Zukunft die og Tage als „bezahlt frei" gewährt werden.

14. Wie entsteht eine betriebliche Übung?

Der Arbeitgeber gewährt den Arbeitnehmern über einen **längeren Zeitraum eine Leistung,** auf die diese keinen Rechtsanspruch haben. Als Faustformel kann dabei von einem **dreimaligen Wiederholungszeitraum** ausgegangen werden. Soweit der Arbeitgeber diese Leistung nicht unter einen **Freiwilligkeitsvorbehalt** stellt, können die Arbeitnehmer davon ausgehen, der Arbeitgeber wolle ihnen die Leistung auch in Zukunft regelmäßig gewähren. Die Arbeitnehmer nehmen dieses faktische „Angebot" des Arbeitgebers stillschweigend an.

Praxistipp

*In aller Regel sind freiwilligen Leistungen des Arbeitgebers mit einem **Freiwilligkeitsvorbehalt** versehen, also einer Klausel, mit der der Arbeitgeber klarstellt, dass bestimmte Leistungen **ohne Rechtsanspruch** gewährt werden. Auch wenn der Arbeitgeber eine Leistung mehrfach erbracht hat, entsteht in diesem Fall **kein Anspruch auf Wiederholung in der Zukunft**.*

Beispiel

Das Rundschreiben an die Belegschaft zum Weihnachtsgeld enthält folgenden Satz: „Die Zahlung der jährlichen Weihnachtsgratifikation erfolgt freiwillig und begründet auch bei wiederholter Zahlung keinen Rechtsanspruch für die Zukunft."

Die Folge: Auch wenn der Arbeitgeber drei Jahre hintereinander 1.000 € Weihnachtsgeld zahlt, kann er die Zahlung im vierten Jahr ohne Begründung einstellen, weil die Leistung unter Freiwilligkeitsvorbehalt stand.

15. Kann eine betriebliche Übung durch eine andere betriebliche Übung abgeschafft werden?

Nein, das geht nicht. Das Bundesarbeitsgericht (BAG 18.3.2009 – 10 AZR 281/08) hat im Jahr 2009 entschieden, dass eine einmal entstandene betriebliche Übung nicht durch eine weitere (sog. **negative betriebliche Übung**) wieder aufgehoben werden kann.

Beispiel

Der Arbeitgeber zahlt den Arbeitnehmern ohne rechtliche Verpflichtung ein Weihnachtsgeld. Auf der Gehaltsabrechnung ist jeweils nur „Weihnachtsgeld" aufgedruckt. Nach fünf Jahren ändert der Arbeitgeber dies und fügt in die Gehalts-

abrechnungen den Wortlaut „freiwillige Zahlung ohne Rechtsanspruch" ein. Nach weiteren drei Jahren stellt er die Zahlung ganz ein. Nach dem BAG hebt die „Freiwilligkeit" die zuvor entstandene betriebliche Übung nicht auf.

16. Was ist eine Gesamtzusage?

Die Gesamtzusage ist eine **ausdrückliche Zusicherung von Leistungen** des Arbeitgebers an die Belegschaft. Im Gegensatz zur betrieblichen Übung gewährt ein Arbeitgeber eine Leistung nicht nur stillschweigend, sondern der Arbeitgeber bietet die Leistung den Arbeitnehmern ausdrücklich an. Dies kann beispielsweise durch einen Aushang am schwarzen Brett oder eine Beilage zur Gehaltsabrechnung erfolgen. Die Arbeitnehmer erwerben einen **einzelvertraglichen Anspruch** auf die versprochenen Leistungen, eine ausdrückliche Annahme jedes Arbeitnehmers ist gem. § 151 BGB nicht erforderlich. Die Arbeitnehmer nehmen das Angebot des Arbeitgebers stillschweigend an.

II. Die betriebsverfassungsrechtlichen Gremien

Der Betriebsrat ist nicht das einzige Gremium, welches das Betriebsverfassungsgesetz (BetrVG) kennt. Die Begriffe **Gesamtbetriebsrat, Konzernbetriebsrat** sowie **Jugend- und Auszubildendenvertretung** sollte jeder Betriebsrat gehört haben und wissen, wer im Betrieb bzw. im Unternehmen oder Konzern wofür zuständig ist. Im folgenden Kapitel werden die weiteren Gremien und deren Aufgabenbereiche kurz vorgestellt.

17. Wann wird ein Gesamtbetriebsrat gegründet?

Immer dann, wenn ein Unternehmen **mehrere Betriebe mit Betriebsräten** hat, ist ein Gesamtbetriebsrat zu gründen. Hintergrund ist, dass in einem Unternehmen oftmals wichtige Entscheidungen nicht auf Betriebsebene, sondern auf Unternehmensebene getroffen werden. Hierzu bedarf es einer entsprechenden Interessenvertretung. Die einzelnen Betriebsratsgremien können dieses nicht sein.

Beispiel

Die Muster GmbH hat einen Betrieb am Standort Bremen und einen am Standort Hamburg. An beiden Standorten ist ein Betriebsrat (sog. örtlicher Betriebsrat) gewählt. Für das Unternehmen ist ein Gesamtbetriebsrat zu gründen.

18. Muss ein Gesamtbetriebsrat zwingend begründet werden?

Ja, immer dann, wenn in einem Unternehmen mehrere Betriebsräte bestehen, ist **zwingend** ein Gesamtbetriebsrat zu errichten. Dies liegt somit nicht im Ermessen des Arbeitgebers oder der einzelnen Betriebsräte. Weder der Arbeitgeber noch einzelne Gremien dürfen die Gründung eines Gesamtbetriebsrats verhindern.

→ *Muster 1: Vergleich der einzelnen Gremien*

19. Ist der Betriebsratsvorsitzende automatisch Mitglied des Gesamtbetriebsrats?

Nein, das ist er nicht. Der **Betriebsrat entscheidet** als Gremium **über die Entsendung** von Betriebsratsmitgliedern in den Gesamtbetriebsrat durch Geschäftsführungsbeschluss mit einfacher Mehrheit. Die Bestellung der Mitglieder des Gesamtbetriebsrats sowie eventuell der Ersatzmitglieder erfolgt im Allgemeinen für die Dauer der Amtszeit des entsendeten Betriebsrats.

Praxistipp

Wie bei allen Beschlüssen des Betriebsrats bedarf es dazu vorher einer Einladung zur Betriebsratssitzung sowie zur Aufnahme dieses Beschlussantrags in eine mitzuteilende Tagesordnung.

20. Wann ist ein Gesamtbetriebsrat zuständig?

Der Gesamtbetriebsrat kann aufgrund von zwei Fallkonstellationen zuständig sein. Zum einen besteht die Möglichkeit, dass die einzelnen **örtlichen Betriebsräte** gem. § 50 Abs. 2 BetrVG dem Gesamtbetriebsrat eine **Aufgabe** durch einen entsprechenden Betriebsratsbeschluss **übertragen.** Man spricht dabei von der sog. **Delegation von Aufgaben.**

Zum anderen ist der Gesamtbetriebsrat zuständig, wenn die zu regelnde Angelegenheit entweder das gesamte Unternehmen oder zumindest mehrere Betriebe des Unternehmens betrifft und die Angelegenheit nicht durch die örtlichen Betriebsräte im Rahmen ihrer Zuständigkeit geregelt werden kann. Dies bedeutet im Klartext, dass es sich um eine **Angelegenheit** handelt, die **zwingend einheitlich im Unternehmen geregelt** werden muss. Eine Kostenersparnis oder Praktikabilität reicht hierfür alleine nicht aus (Fitting BetrVG § 50 Rn. 15).

Praxistipp

Viel zu oft werden in der Praxis Angelegenheiten vom Gesamtbetriebsrat verhandelt. Dies mag unter anderem daran liegen, dass Verhandlungen im Gesamtbetriebsrat für den Arbeitgeber leichter sind. Machen Sie sich aber bitte klar, dass der Gesamtbetriebsrat kein übergeordnetes Organ ist, sondern parallel zum örtlichen Betriebsrat besteht und in der Regel nur dann zuständig ist, wenn die Angelegenheit im Unternehmen zwingend einheitlich geregelt werden muss oder die örtlichen Betriebsratsgremien dies beschließen. Die örtlichen Betriebsräte sind gut beraten, jeweils im Einzelfall die Zuständigkeit des Gesamtbetriebsrats kritisch zu hinterfragen.

21. Was ist ein Konzernbetriebsrat?

Der Konzernbetriebsrat ist das Spiegelbild zum Gesamtbetriebsrat und kann dann eingerichtet werden, wenn **innerhalb eines Konzerns mehrere Gesamtbetriebsräte** oder einzelne örtliche Betriebsräte bestehen. Die Einrichtung eines Konzernbetriebsrats ist nach § 54 BetrVG nicht zwingend vorgeschrieben, es handelt sich dabei um eine sog. „Sollvorschrift“.

→ *Muster 1: Vergleich der einzelnen Gremien*

22. Komme ich als Betriebsratsmitglied direkt in den Konzernbetriebsrat?

Nein, denn nicht der örtliche Betriebsrat, sondern der jeweilige **Gesamtbetriebsrat** entsendet gem. § 55 Abs. 1 BetrVG zwei seiner Mitglieder in den Konzernbetriebsrat.

Praxistipp

Eine direkte Entsendung ist nur dann möglich, wenn in einem Unternehmen des Konzerns nur ein Betriebsrat, nicht jedoch ein Gesamtbetriebsrat besteht. Dann werden die Mitglieder des Betriebsrats direkt in den Konzernbetriebsrat entsandt.

23. Was sind die Voraussetzungen für die Bestellung eines Konzernbetriebsrats?

Voraussetzung für die Bestellung eines Konzernbetriebsrats ist das **Bestehen eines sog. Unterordnungskonzerns** gem. § 18 Abs. 1 AktG. Dies bedeutet, dass es im Rahmen eines Abhängigkeitsverhältnisses eine sog. Konzernmutter und eine oder mehrere Konzerntöchter gibt. Im Gegensatz dazu besteht bei einem sog. Gleichordnungskonzern kein Abhängigkeitsverhältnis im Sinne einer Beherrschung und ein Konzernbetriebsrat kann dort nicht gegründet werden (Fitting BetrVG § 54 Rn. 8).

Beispiel
Die Muster GmbH hat zwei Unternehmen als Konzerntöchter. Die Beispiel GmbH und die Audit GmbH sind 100-prozentige Töchter der Muster GmbH und werden von dieser beherrscht. In diesem Fall kann ein Konzernbetriebsrat begründet werden.

24. Wann ist ein Konzernbetriebsrat zuständig?

Der Konzernbetriebsrat ist immer dann zuständig, wenn Angelegenheiten behandelt werden, die entweder den **gesamten Konzern** oder aber **mehrere Konzernunternehmen** betreffen und durch die einzelnen Gesamtbetriebsräte nicht innerhalb ihrer Unternehmen geregelt werden können. Des weiteren besteht auch hier die Möglichkeit (wie bei der Zuständigkeit des Gesamtbetriebsrats), dass dem Konzernbetriebsrat durch einen entsprechenden Beschluss der Gesamtbetriebsräte Aufgaben übertragen werden (Fitting BetrVG § 58 Rn. 21, 22).

25. Was sind die Aufgaben der Schwerbehindertenvertretung?

Die Schwerbehindertenvertretung **fördert die Eingliederung schwerbehinderter Menschen in den Betrieb** oder die Dienststelle, **vertritt ihre Interessen** in dem Betrieb oder der Dienststelle und steht ihnen **beratend und helfend** zur Seite.

Sie erfüllt ihre Aufgaben insbesondere dadurch, dass sie

- darüber wacht, dass die zugunsten schwerbehinderter Menschen geltenden Gesetze, Verordnungen, Tarifverträge, Betriebs- oder Dienstvereinbarungen und Verwaltungsanordnungen durchgeführt werden,
- Maßnahmen, die den schwerbehinderten Menschen dienen, insbesondere auch präventive Maßnahmen, bei den zuständigen Stellen beantragt und
- Anregungen und Beschwerden von schwerbehinderten Menschen entgegennimmt und, falls sie berechtigt erscheinen, durch Verhandlung mit dem Arbeitgeber auf eine Erledigung hinwirkt. Sie unterrichtet die schwerbehinderten Menschen über den Stand und das Ergebnis der Verhandlungen.

Die Schwerbehindertenvertretung unterstützt darüber hinaus Beschäftigte bei Anträgen an die zuständigen Behörden auf Feststellung einer Behinderung, ihres Grades der Behinderung (GdB) und einer Schwerbehinderung sowie bei Anträgen auf Gleichstellung an die Agentur für Arbeit.

26. Ist der Betriebsrat neben der Schwerbehindertenvertretung auch zuständig?

Ja, auch der Betriebsrat hat nach § 80 Abs. 1 Nr. 4 BetrVG die **Aufgabe, die Eingliederung Schwerbehinderter und sonstiger besonders schutzbedürftiger Personen zu fördern.** Der Betriebsrat hat darauf hinzuwirken, dass der Arbeitgeber Arbeitsplätze mit Schwerbehinderten besetzt. Darüber hinaus soll der Betriebsrat darauf hinwirken, dass passende Arbeitsplätze für Schwerbehinderte ausgesucht und ggf. durch entsprechende Hilfsmittel für sie geeignet gemacht werden.

27. Kann ein Betriebsrat gleichzeitig Schwerbehindertenvertretung sein?

Ja, das ist möglich. Ein Mitglied des Betriebsrats kann gleichzeitig zur Schwerbehindertenvertretung gewählt werden.

28. Was ist die Jugend- und Auszubildendenvertretung?

Die Jugend- und Auszubildendenvertretung (JAV) ist die **Vertretung der Jugendlichen unter 18 Jahren und der zur Berufsausbildung Beschäftigten** in einem Betrieb. Sie wird gewählt, wenn dem Betrieb in der Regel mindestens fünf

Arbeitnehmer angehören, die das 18. Lebensjahr noch nicht vollendet haben oder die zu ihrer Berufsausbildung beschäftigt sind. Sind die Voraussetzungen gegeben, so hat der Betriebsrat die Wahl der Jugend- und Auszubildendenvertretung vorzubereiten und durchzuführen.

Praxistipp

Dies ist für den Betriebsrat eine der sog. Pflichtaufgaben gem. § 80 Abs. 1 Nr. 5 BetrVG. Das bedeutet, dass der Betriebsrat die Wahl zur Jugend- und Auszubildendenvertretung einleiten muss, sobald die betrieblichen Voraussetzungen vorliegen.

29. Was sind die Aufgaben der Jugend- und Auszubildendenvertretung?

Die Jugend- und Auszubildendenvertretung hat folgende allgemeine Aufgaben:

- Maßnahmen, die den Jugendlichen/Auszubildenden dienen, beim Betriebsrat zu beantragen, insbesondere in Fragen der Berufsbildung und der Übernahme der zu ihrer Berufsausbildung Beschäftigten in ein Arbeitsverhältnis.
- Maßnahmen zur Durchsetzung der **tatsächlichen Gleichstellung** der Jugendlichen/Auszubildenden beim Betriebsrat zu beantragen.
- Darüber zu wachen, dass die **zugunsten der Jugendlichen/Auszubildenden geltenden Gesetze,** Verordnungen, Unfallverhütungsvorschriften, Tarifverträge und Betriebsvereinbarungen **durchgeführt** werden.
- **Anregungen** von Jugendlichen/Auszubildenden, insbesondere in Fragen der Berufsbildung, entgegenzunehmen und, falls sie berechtigt erscheinen, beim Betriebsrat auf eine Erledigung hinzuwirken.
- Die **Integration** ausländischer Jugendlicher/Auszubildender im Betrieb zu fördern und entsprechende Maßnahmen beim Betriebsrat zu beantragen.

30. Darf der Betriebsrat für die Gewerkschaft zum Streik aufrufen?

Nein, ein **Betriebsrat darf nicht zum Streik aufrufen.** Wenn der Arbeitgeber und die Gewerkschaft „Kampfmaßnahmen“ durchführen, hat sich der Betriebsrat als Organ jeder Tätigkeit im Arbeitskampf zu enthalten und die Neutralität zu wahren. Er darf einen Streik nicht unterstützen und die Belegschaft nicht aktiv zum Streik auffordern. Er darf aber ebenso wenig die Mitarbeiter auffordern, am Streik **nicht** teilzunehmen. Das **Neutralitätsgebot** untersagt es auch jedem einzelnen Betriebsratsmitglied, sich in seiner Eigenschaft als Betriebsratsmitglied an Arbeitskämpfen zu beteiligen. Ein Betriebsratsmitglied darf deshalb nicht Sachmittel des Betriebsrats zur Förderung oder Verhinderung eines Streiks benutzen, beispielsweise die Räumlichkeiten oder die Büroausstattung des Betriebsrats verwenden (*Fitting* BetrVG § 74 Rn. 12).

31. Darf ein Betriebsratsmitglied für eine Gewerkschaft Werbung machen?

Ja, dies ist grundsätzlich **zulässig.** Nach geltendem Recht können Betriebsratsmitglieder ebenso wie die übrigen Arbeitnehmer für ihre Gewerkschaft tätig werden, indem sie beispielsweise über die Arbeit der Gewerkschaft informieren oder ggf. sogar gewerkschaftliche Funktionen wahrnehmen, wie zB die des gewerkschaftlichen Vertrauensmanns. Ein Betriebsratsmitglied (nicht jedoch der Betriebsrat als Organ) kann daher im Betrieb Werbung für eine Gewerkschaft machen. Dabei muss es seine Eigenschaft als Betriebsrat nicht leugnen, da diese im Betrieb ohnehin bekannt ist. Es muss jedoch dabei beachtet werden, dass die Maßnahme nicht zu einer Störung des Arbeitsablaufs oder des Betriebsfriedens führt (Fitting BetrVG § 74 Rn. 70).

Praxistipp

Ein Arbeitnehmer ist grds. nicht berechtigt, einseitig die Erfüllung seiner arbeitsvertraglichen Pflichten zugunsten der Gewerkschaftswerbung zurückzustellen. Lediglich eine kurze Unterbrechung der Arbeit wird als zulässig angesehen. Insbesondere muss der Arbeitnehmer darauf achten, dass der Betriebsablauf oder gar der Betriebsfrieden nicht gestört wird.

32. Darf ein Betriebsrat parteipolitische Betätigung ausüben?

Nein, hierbei bestünde die besonders **große Gefahr, dass der Betriebsfrieden gestört** wird. Daher ist jedem Betriebsrat eine parteipolitische Betätigung im Betrieb generell untersagt. Dieses Verbot gilt sowohl gegenüber dem Betriebsrat als Organ als auch gegenüber den einzelnen Betriebsratsmitgliedern, wenn diese in ihrer Eigenschaft als Betriebsrat handeln (Fitting BetrVG § 74 Rn. 37).

III. Die Amtsausübung

In diesem Kapitel werden Fragen über den Status und die Rechte und Pflichten des einzelnen Betriebsratmitglieds behandelt. Nicht selten weht dem einzelnen Mitglied von mehreren Seiten Gegenwind entgegen. Die „alten" Betriebsräte, manchmal auch der Betriebsratsvorsitzende, wollen dem neuen Betriebsratsmitglied vorschreiben, wie es sich zu verhalten hat. Ebenso ist der Arbeitgeber manchmal geneigt, einzelne Betriebsratsmitglieder zu beeinflussen, wenn nicht sogar einzuschüchtern. Dieses Kapitel beschäftigt sich daher mit dem Status des einzelnen Betriebsratsmitglieds und den sich daraus ableitenden Rechten und Pflichten.

33. Was ist genau mit „Ehrenamt" gemeint?

Mit dem Ehrenamt ist gemeint, dass für das Betriebsratsmitglied ein Begünstigungs- und Benachteiligungsverbot besteht. Dies dient der **inneren und äußeren Unabhängigkeit** der Betriebsratsmitglieder bei der Ausübung ihrer Amtstätigkeit. Die Amtsführung der Betriebsratsmitglieder darf nicht durch den Erhalt oder den drohenden Verlust von materiellen Sondervorteilen beeinflusst werden.

Praxistipp

Das bedeutet nicht, dass der Arbeitgeber für die Zeit der Betriebsratsarbeit kein Geld zahlen muss, ganz im Gegenteil. Das berufliche Entgelt darf wegen der Betriebsratstätigkeit nicht gekürzt werden.

34. Bin ich Vertreter der Arbeitnehmer?

Nein, der Betriebsrat repräsentiert zwar die Belegschaft, ist aber **nicht Vertreter der einzelnen Arbeitnehmer.** Er kann deshalb nicht für die Arbeitnehmer rechtsgeschäftliche Erklärungen abgeben oder entgegennehmen. Auch in einem Prozess mit dem Arbeitgeber kann er nicht als ihr Prozessvertreter auftreten.

Praxistipp

Der Betriebsrat kann nicht die Zahlung eines Geldbetrags an die Arbeitnehmer einklagen. Ein solcher Antrag wäre unzulässig.

35. Hafte ich für die Folgen meiner Betriebsratsarbeit?

Dies ist **nur in seltenen Fällen der Fall.** Betriebsratsmitglieder werden persönlich aus einem Vertrag (Rechtsgeschäften) verpflichtet, wenn sie Geschäfte im Namen des Betriebsrats außerhalb dessen betriebsverfassungsrechtlichen Wirkungskreises tätigen bzw. wenn sie innerhalb des betriebsverfassungsrechtlichen Wirkungskreises, aber ohne Vertretungsmacht für den Arbeitgeber Geschäfte tätigen.

Beispiel

Ein Betriebsratsmitglied bucht eine Seminarfortbildung ohne vorherigen Beschluss des Gremiums.

Außerdem kommt eine **deliktische** Haftung der einzelnen Betriebsratsmitglieder in Betracht, wenn sie bei Ausübung der Betriebsratstätigkeit vorsätzlich oder grob fahrlässig Pflichten verletzen oder gegen gesetzliche Bestimmungen mit Schutzgesetzcharakter verstoßen.

Beispiel

Ein Betriebsratsmitglied erhält im Rahmen seiner Tätigkeit sensible Gesundheitsdaten mehrerer Beschäftigter. Er speichert diese Daten privat auf seinem eigenen, ungesicherten USB-Stick und sendet sie per E-Mail an Dritte, die mit dem Fall nichts zu tun haben.

Folge: Das Betriebsratsmitglied hat vorsätzlich oder zumindest grob fahrlässig gegen datenschutzrechtliche Schutzgesetze verstoßen. Es kann daher persönlich deliktisch haften (§ 823 Abs. 2 BGB iVm DSGVO/BDSG), zB auf Schadensersatz gegenüber der betroffenen Person.

36. Kann ich für fehlerhafte Betriebsratsarbeit eine Abmahnung bekommen?

Nein, das Rechtsinstitut einer betriebsverfassungsrechtlichen Abmahnung ist zwar in Teilen des Schrifttums anerkannt, ist aber zu Recht als Versuch der Behinderung der Betriebsratsarbeit einzuordnen.

Beispiel

Ein Betriebsratsmitglied gibt vertrauliche Informationen aus einer Betriebsratssitzung (zB geplante Personalmaßnahmen) an mehrere Kollegen weiter, obwohl der Betriebsrat ausdrücklich zur Verschwiegenheit verpflichtet ist (§ 79 BetrVG). Der Arbeitgeber mahnt das Betriebsratsmitglied wegen Pflichtverletzung in der Betriebsratstätigkeit ab.

Obwohl hier ein Verstoß gegen § 79 BetrVG vorliegt, ist eine solche Abmahnung nicht zulässig.

37. Muss ich meine jeweilige Betriebsratstätigkeit öffentlich in einen Kalender eintragen?

Nein, das Betriebsratsmitglied muss sich **nicht öffentlich dafür rechtfertigen, wann und in welchem Umfang es Betriebsratsarbeit getätigt** hat. Ein solcher öffentlicher Aushang wäre als Versuch der Behinderung der Betriebsratsarbeit zu qualifizieren.

38. Ist der Betriebsrat an die Meinungsbildung im Betrieb gebunden?

Nein, der Betriebsrat hat von den Arbeitnehmern **kein imperatives Mandat** erhalten. Das bedeutet, dass der Betriebsrat auch gegen den Willen der Belegschaft handeln kann und sich beispielsweise nhct an das Ergebnis einer vorherigen Abstimmung im Betrieb halten muss. Der Betriebsrat ist bei seiner Amtsführung nur den gesetzlichen Regelungen und seinem Gewissen unterworfen.

Praxistipp

Der Betriebsrat sollte die Aussage des Arbeitgebers, die Belegschaft sei gegen eine Maßnahme, sehr kritisch beobachten. Soweit der Arbeitgeber versucht, die Belegschaft gegen den Betriebsrat auszuspielen, ist dies als ein Verstoß gegen das Gebot der vertrauensvollen Zusammenarbeit zu bewerten.

39. Darf der Arbeitgeber den Mitarbeitern mitteilen, was die Betriebsratsarbeit „kostet"?

Nein, die öffentliche Bekanntgabe der Kosten des Betriebsrats erfüllt in der Regel den Straftatbestand des § 119 BetrVG, dies ist absolut unzulässig.

Praxistipp

Der Betriebsrat sollte dem Arbeitgeber nicht voreilig strafbares Verhalten vorwerfen, sondern den Sachverhalt immer zuvor juristisch überprüfen lassen.

40. Was sind Beispiele für eine Behinderung der Betriebsratsarbeit?

Beispiele für eine **Behinderung der Betriebsratsarbeit** sind:

- Die Aufforderung des Arbeitgebers an den Betriebsrat, zurückzutreten verbunden mit der Androhung, dass ansonsten Zulagen gestrichen würden.
- Die Weigerung des Arbeitgebers, die zur Amtsführung notwendigen Kosten zu tragen oder Mittel zur Verfügung zu stellen.
- Verbot des Arbeitgebers gegenüber den Beschäftigten, sich an den Betriebsrat zu wenden.
- Betriebsöffentliche Bekanntmachung der vom Betriebsrat verursachten Kosten.
- Verhinderung oder Störung von Telefongesprächen des Betriebsrats.
- Die Ankündigung gegenüber den Beschäftigten, ihnen werde eine Tariflohnerhöhung zu 100% angerechnet, falls der Betriebsrat nicht einer bestimmten Art der teilweisen Anrechnung zustimme.
- Der Arbeitgeber empfiehlt durch betriebsöffentlichen Aushang, eine Betriebsversammlung nicht zu besuchen.

Praxistipp

Der Betriebsrat sollte mit der Aussage, es läge eine strafbare Behinderung der Betriebsratsarbeit vor, sehr zurückhaltend sein und vorher diesbezüglich Rechtsbeistand aufsuchen.

41. Habe ich einen besonderen Kündigungsschutz?

Die **ordentliche Kündigung** (dh unter Einhaltung der Kündigungsfrist) eines Mitglieds des Betriebsrats ist **unzulässig.**

Eine **Kündigung aus wichtigem Grund** (außerordentlich/fristlos) ist nur dann möglich, wenn zuvor die **notwendige Zustimmung** des Betriebsrats nach § 103 BetrVG vorliegt oder durch gerichtliche Entscheidung ersetzt wurde.

Nach Beendigung der Amtszeit ist die Kündigung eines Betriebsratsmitglieds ein Jahr lang nur aus wichtigem Grund (außerordentlich/fristlos) ohne Einhaltung einer Kündigungsfrist möglich. Die Jahresfrist beginnt mit der Beendigung der Amtszeit des jeweiligen Mitglieds.

Praxistipp

In der täglichen Arbeit des Betriebsrats werden Sie häufiger mit Kündigungssachverhalten konfrontiert. Dort ist in der Regel die Bestimmung des § 102 BetrVG für den Betriebsrat zu beachten. Wenn der Betriebsrat in solchen Situationen nicht innerhalb der gesetzlichen Frist der Kündigung widerspricht, gilt seine Zustimmung als erteilt. Diese Fiktion einer Zustimmung gibt es jedoch bei der Kündigung eines Betriebsrats nach § 103 BetrVG nicht. Hier ist es notwendig, dass der Betriebsrat ausdrücklich vor Aussprache der Kündigung zustimmt.

42. Bekomme ich mehr oder weniger Geld bei Betriebsratsarbeit?

Nein, allein aufgrund der Tätigkeit als Betriebsrat darf das **Gehalt weder erhöht noch abgesenkt** werden. Dies wäre eine unzulässige Benachteiligung bzw. eine unzulässige Bevorzugung eines Betriebsrats. Dies gilt auch für versteckte Begünstigungen oder Benachteiligungen, beispielsweise die Zuweisung einer verbilligten Werkswohnung, die Einräumung besonderer Konditionen für die Benutzung eines Dienstwagens oder die Gewährung eines günstigen Arbeitnehmerdarlehens. Zum Arbeitsentgelt gehören auch die bei einer Arbeitsleistung anfallenden Nebenbezüge wie zB Erschwernis-

und Schmutzzulagen, Inkassoprämien, Zuschläge für Mehr-, Nacht- oder Sonntagsarbeit.

43. Wann darf ich Arbeit für den Betriebsrat machen?

Ein Betriebsrat kann immer dann Betriebsratsarbeit erledigen (und ist entsprechend von der Arbeit zu befreien), wenn dies **notwendig** ist. Das Gesetz räumt den Aufgaben als Betriebsrat einen **Vorrang vor der normalen Arbeitstätigkeit** ein. Der Arbeitgeber muss den Vorrang der Betriebsratsarbeit anerkennen und Arbeitsbefreiung gewähren, wenn sie der Durchführung der dem Betriebsrat obliegenden Aufgaben dient und zur ordnungsgemäßen Durchführung dieser Aufgaben erforderlich ist.

44. Muss die Arbeit für den Betriebsrat in der Freizeit gemacht werden?

Nein, das **Gegenteil ist der Fall.** Der Gesetzgeber geht davon aus, dass Betriebsratsarbeit grundsätzlich während der normalen Arbeitszeit zu erledigen ist und der Arbeitnehmer hierfür gem. § 37 Abs. 2 BetrVG für die Zeit, in der er seine Betriebsratstätigkeit ausübt, von der normalen Tätigkeit freigestellt wird.

Beispiel

Das Betriebsratsmitglied nimmt an einer Betriebsratssitzung oder einem Gespräch mit Beschäftigten teil.

Von dieser zeitweiligen Freistellung ist die dauerhafte Freistellung eines oder mehrerer Betriebsratsmitglieder gem. § 38 BetrVG zu unterscheiden. Wieviele Personen jeweils mindestens komplett von ihrer beruflichen Tätigkeit freizustellen sind, ist in § 38 Abs. 1 BetrVG geregelt. Die freizustellenden Betriebsratsmitglieder werden innerhalb des Betriebsrats geheim gewählt (§ 38 Abs. 2 BetrVG). Ist nur ein Betriebsratsmitglied freizustellen, so ist das in der Praxis häufig (aber nicht zwingend) die Person, die den Betriebsratsvorsitz inne hat.

45. Muss der Arbeitgeber während der Arbeitszeit Tätigkeiten für den Betriebsrat gestatten?

Ja, grundsätzlich hat ein Arbeitgeber ein Betriebsratsmitglied während der Arbeitszeit **von der normalen Arbeit freizustellen,** damit dieses seine Betriebsratsarbeit erledigen kann. Nur im Einzelfall kann ein Arbeitgeber einem Betriebsrat entgegenhalten, dass zu dem konkreten Zeitpunkt dringende betriebliche Belange der Durchführung der Betriebsratsarbeit entgegenstehen. In diesem Fall muss der Betriebsrat eine Abwägung treffen. Entscheidet sich der Betriebsrat für die Betriebsratstätigkeit, so hat er dies dem Arbeitgeber unter stichpunktartiger Benennung der wesentlichen Gründe mitzuteilen.

Praxistipp

Einige Arbeitgeber verlangen von den Betriebsräten, dass sie Betriebsratstätigkeit außerhalb der normalen Arbeitszeit verrichten, wollen dies aber auf der anderen Seite in keiner Weise vergüten. Dies stellt eine Behinderung der Betriebsratsarbeit dar.

46. Bekomme ich einen Ausgleich für Betriebsratsarbeit, die ich in der Freizeit mache?

Dies ist nur dann der Fall, wenn aus **betrieblichen Gründen die Betriebsratstätigkeit in der Freizeit** zu erledigen war. Die Mitglieder des Betriebsrats sollen die sich aus ihrem Amt ergebenden Aufgaben normalerweise während der Arbeitszeit durchführen. Nur wenn dies aus betriebsbedingten Gründen nicht möglich ist, sieht die Vorschrift des § 37 Abs. 3 BetrVG vor, dass zum Ausgleich ein **Anspruch auf entsprechende Arbeitsbefreiung unter Fortzahlung des Arbeitsentgelts** besteht. Diese Arbeitsbefreiung ist vor Ablauf eines Monats zu gewähren. Wenn auch das aus betriebsbedingten Gründen nicht möglich ist, ist die aufgewendete Zeit wie Mehrarbeit zu vergüten.

→ *Muster 2: Was ist ein betriebsbedingter/-betriebsratsbedingter Grund iSd § 37 Abs. 3 BetrVG?*

47. Ich habe zehn Stunden am Stück gearbeitet, darf ich jetzt Betriebsratsarbeit machen?

Ja, das ist **möglich,** kann aber nicht gegen den eigenen Willen erzwungen werden. DIe für **Betriebsratsarbeit** aufgewendete Zeit ist **keine Arbeitszeit** iSd Arbeitszeitgesetzes (ArbZG), die Höchstgrenzen gelten insoweit nicht. Dies wird damit begründet, dass Betriebsratsmitglieder im Rahmen ihrer Amtstätigkeit keinen Weisungen des Arbeitgebers unterliegen. Umgekehrt hätte der Arbeitgeber keine Möglichkeit, die arbeitszeitrechtlichen Vorgaben gegenüber den Betriebsratsmitgliedern durchzusetzen.

IV. Ausübung von Betriebsratsarbeit

Der Gesetzgeber hat festgelegt, dass **Betriebsratsarbeit** grundsätzlich der **beruflichen Tätigkeit vorzugehen** hat. Gleichzeitig wird von einem Betriebsratsmitglied verlangt, dass es sich zur Durchführung der Betriebsratsarbeit abmeldet und nach dessen Beendigung beim Arbeitgeber zurückmeldet. Dieses Kapitel behandelt daher die **Fragen, die rund um die Abmeldung** von der beruflichen Tätigkeit sowie die **Ausübung** von Betriebsratsarbeit entstehen können.

48. Muss ich mich immer beim Geschäftsführer abmelden?

Nein, das Gesetz schreibt in keiner Weise vor, **in welcher Form** oder bei wem sich ein Betriebsrat zur Ausübung von Betriebsratstätigkeit abzumelden hat. Eine Abmeldung kann somit mündlich, per E-Mail, per Telefax oder in sonstiger Form erfolgen.

Praxistipp

Bringen Sie in Erfahrung, wie die bisherige Abmeldepraxis im Betrieb ist. Oftmals erfolgt eine Abmeldung mündlich gegenüber dem Vorgesetzten. In der Regel ist die mündliche Abmeldung möglich und ausreichend. Im Zweifel ist jedoch das Betriebsratsmitglied für eine erfolgte Abmeldung beweispflichtig. Zumindest in kritischen Fällen ist dem Betriebsrat daher anzuraten, die Abmeldung dokumentierbar (beispielsweise als E-Mail) vorzunehmen.

49. Kann mich auch der Betriebsratsvorsitzende abmelden?

Ja, das geht, die Abmeldung muss **nicht** durch das Betriebsratsmitglied **höchstpersönlich** erfolgen.

50. Wo muss ich mich zur Betriebsratsarbeit abmelden?

Das Gesetz sieht **keine Regelung** vor, wem gegenüber sich ein Betriebsrat bei der Durchführung von Betriebsratsarbeit abzumelden hat. In der Regel wird dies im Betrieb ein Abteilungsleiter oder ein fachlich bzw. disziplinarisch Vorgesetzter sein, in einigen Betrieben erfolgt die Abmeldung gegenüber Mitarbeitern der Personalabteilung.

51. Muss ich mich eine Woche vorher zur Betriebsratsarbeit abmelden?

Nein, es gibt **keine fest vorgeschriebene Frist**, wann sich ein Betriebsratsmitglied zur Betriebsratsarbeit abzumelden hat. Dies bedeutet, dass sich ein Betriebsratsmitglied erst **unmittelbar vor der Aufnahme der Betriebsratstätigkeit** beim Arbeitgeber abmelden muss. Nach dem Gebot der vertrauensvollen Zusammenarbeit wird man jedoch vom Betriebsrat verlangen können, dass sich dieser bereits zu dem Zeitpunkt abmeldet, zu dem ihm die anfallende Tätigkeit bekannt ist, und die Abmeldung nicht den Zweck der Tätigkeit gefährdet (Fitting BetrVG § 37 Rn. 50).

52. Muss ich genau mitteilen, welche Betriebsratsarbeit zu erledigen ist?

Nein, bei der Abmeldung hat das Betriebsratsmitglied dem Arbeitgeber nur den **Ort und die voraussichtliche Dauer der beabsichtigten Betriebsratstätigkeit mitzuteilen.** Die Art der Betriebsratstätigkeit und die konkrete Aufgabe, die während dieser Zeit erledigt werden soll, hat das Betriebsratsmitglied jedoch nicht zu offenbaren. Die Namen von Arbeitnehmern, die das Betriebsratsmitglied während der Arbeitsbefreiung aufsucht, dürfen nicht erfragt werden (Fitting BetrVG § 37 Rn. 50a).

53. Der Arbeitgeber sagt, zu dem geplanten Termin geht betriebliche Arbeit vor, was nun?

Macht der Arbeitgeber bei der Abmeldung geltend, dass die Betriebsabläufe durch die Abwesenheit gestört werden, so hat das Betriebsratsmitglied **stichpunktartig** darzulegen, dass die Aufgabenerledigung zu **dringend** ist, um diese auch in Anbetracht der eintretenden betrieblichen Störungen zu verschieben (Fitting BetrVG § 37 Rn. 51).

Praxistipp

Wenn durch den Arbeitgeber dringende betriebliche Gründe geltend gemacht werden, darf ein Betriebsratsmitglied nicht einfach den Arbeitsplatz verlassen und mit Betriebsratsarbeit beginnen. Die Situation sollte zunächst geklärt werden.

Wenn die Argumentation des Arbeitgebers gehäuft auftritt, sollte dies im Betriebsrat unter dem Blickpunkt einer versuchten Behinderung der Betriebsratsarbeit diskutiert werden.

54. Ich verlasse meinen Arbeitsplatz nicht, muss ich mich trotzdem jedes Mal abmelden?

Nein, das muss nicht immer sein. Ein Betriebsratsmitglied, das an seinem Arbeitsplatz während seiner Arbeitszeit Betriebsratsaufgaben erledigt, ist zwar grundsätzlich verpflichtet, sich beim Arbeitgeber abzumelden und die voraussichtliche Dauer der Betriebsratstätigkeit mitzuteilen. Zweck der Meldepflicht ist es, dem Arbeitgeber die Überbrückung des Arbeitsausfalls zu ermöglichen. Daher besteht keine vorherige Meldepflicht in Fällen, in denen eine vorübergehende Umorganisation der Arbeitseinteilung nicht ernsthaft in Betracht kommt. Maßgeblich sind die Umstände des Einzelfalls. Dazu gehören insbesondere die Art der Arbeitsaufgabe des Betriebsratsmitglieds und die voraussichtliche Dauer der Arbeitsunterbrechung. In Fällen, in denen sich das Betriebsratsmitglied nicht vorher abmeldet, ist es verpflichtet, dem Arbeitgeber auf dessen Verlangen nachträglich die Gesamtdauer der in einem bestimmten Zeitraum geleisteten Betriebsratstätigkeit mitzuteilen (BAG 29.6.2011 – 7 ABR 135/09).

55. Muss ich mich zurückmelden?

Ja, das Betriebsratsmitglied hat dem Arbeitgeber auch die **Wiederaufnahme** der betrieblichen Tätigkeit zu melden.

56. Bekomme ich einen eigenen Schlüssel zum Betriebsratsbüro?

Ja, das Recht auf Einsichtnahme in die Unterlagen des Betriebsrats begründet für ein Betriebsratsmitglied einen **Anspruch auf Überlassung eines Schlüssels für das Betriebsratsbüro.** Dies setzt aber voraus, dass dem Betriebsrat eine solche Überlassung tatsächlich möglich und zumutbar ist und anderenfalls ein jederzeitiges Einsichtnahmerecht des Betriebsratsmitglieds nicht gewährleistet werden kann.

57. Der Geschäftsführer will mir anstatt dem Betriebsratsvorsitzenden etwas mitteilen, muss ich mich darauf einlassen?

Nein, normalerweise sind Erklärungen für den Betriebsrat gegenüber dem Betriebsratsvorsitzenden abzugeben. Dies gilt nicht nur für rechtsgeschäftliche Erklärungen, sondern ganz allgemein auch für Mitteilungen, unabhängig von deren rechtlichem Charakter. Das Betriebsratsmitglied muss sich daher auf ein solches Gespräch **nicht einlassen** und kann an den Betriebsratsvorsitzenden verweisen. Eine Erklärung, die nicht dem Vorsitzenden oder im Fall seiner Verhinderung seinem Stellvertreter, sondern einem anderen Betriebsratsmitglied gegenüber abgegeben wird, ist dem Betriebsrat erst dann zugegangen, wenn der Vorsitzende von ihr Kenntnis erlangt (Fitting BetrVG § 26 Rn. 39).

V. Die Betriebsratssitzung

Das wichtigste Organ für den Betriebsrat ist die **Betriebsratssitzung.** In dieser werden die für den Betriebsrat **entscheidenden Beschlüsse** gefasst. Die Beschlussfassung in der Betriebsratssitzung erfolgt dabei nach den **Grundsätzen der Demokratie.** Das Betriebsratsgremium muss mehrheitlich über einen Antrag entscheiden, damit dieser als angenommen gilt. Wie sich ein Betriebsratsmitglied in einer solchen Sitzung verhalten muss, aber auch welche Verpflichtungen der Betriebsratsvorsitzende gegenüber den einzelnen Betriebsratsmitgliedern hat, wird in diesem Kapitel abgehandelt.

58. Wer die meisten Stimmen hat, ist Betriebsratsvorsitzender, stimmt das?

Nein, das stimmt nicht. Der Betriebsratsvorsitzende sowie der Stellvertreter werden in der ersten konstituierenden Sitzung des Betriebsrats gewählt. Die Wahl erfolgt dort nach **einfachem Mehrheitsprinzip** und für die Person des Betriebsratsvorsitzenden und des Stellvertreters kommt jedes Betriebsratsmitglied in Betracht.

59. Gibt es eine feste Anzahl von Betriebsratssitzungen?

Nein, die Anzahl der durchzuführenden Betriebsratssitzungen richtet sich nach dem **betrieblichen Bedarf,** eine gesetzlich vorgeschriebene Anzahl dafür gibt es nicht.

60. Muss ich an den Betriebsratssitzungen teilnehmen?

Ja, ein Betriebsratsmitglied hat die **Verpflichtung, an den Betriebsratssitzungen teilzunehmen.** Es ist von dieser Verpflichtung entbunden, wenn es aus tatsächlichen oder aus rechtlichen Gründen an der Teilnahme verhindert ist. Wenn ein Betriebsratsmitglied beharrlich die Teilnahme an Betriebsratssitzungen verweigert, kann dies ein Amtsenthebungsverfahren rechtfertigen.

61. Braucht der Betriebsrat zwingend eine Geschäftsordnung?

Nein, der Betriebsrat **kann, muss sich aber nicht eine Geschäftsordnung** geben. Will der Betriebsrat Sitzungen per Video- oder Telefonkonferenz durchführen, muss dies aber zwingend in einer Geschäftsordnung geregelt sein.

Praxistipp

Ob eine Geschäftsordnung notwendig ist oder nicht, sollte von den einzelnen Betriebsratsmitgliedern durchaus hinterfragt werden. Manche Gremien neigen dazu, sich durch eine Geschäftsordnung einen unnötigen Bürokratieaufwand aufzuerlegen.

62. Was kann in einer Geschäftsordnung geregelt werden?

Die Geschäftsordnung kann **nur Vorschriften über die Führung der Geschäfte** enthalten, somit Regelungen über die Frage, in welcher Art und Weise der Betriebsrat seine Aufgaben erledigt. Dies sind beispielsweise Regelungen über:

- Festlegung der regelmäßigen Sitzungen,
- Einladungsfristen,
- Meldepflichten bei Verhinderung,
- Vertretungsregelungen, wenn Vorsitzender und Stellvertreter verhindert sind,
- Bestellung des Schriftführers,
- die Durchführung einer Sitzung per Video- oder Telefonkonferenz und
- Abstimmungsformalien.

63. Bekomme ich vor der Sitzung eine Einladung?

Ja, es ist grundsätzlich zu jeder Betriebsratssitzung **einzuladen.** Dies gilt nur für die Sitzungen nicht, die bereits durch eine Geschäftsordnung oder Ähnliches festgelegt wurden. Es besteht die Möglichkeit, dass zu der Sitzung mündlich eingeladen wird, eine Tagesordnung muss nicht zwangsläufig zeitgleich mit der Einladung mitgeteilt werden.

Praxistipp

Es besteht für den Betriebsrat die Möglichkeit, dauerhafte bzw. feststehende Termine für die Betriebsratssitzungen festzulegen, beispielsweise jeden ersten und dritten Montag im Monat. Hierfür muss dann der Betriebsratsvorsitzende den Betriebsratsmitgliedern nicht jeweils eine gesonderte Einladung aussprechen. Aufgrund der feststehenden Termine gilt das Betriebsratsmitglied bereits als eingeladen. Etwas anderes gilt nur für die Ersatzmitglieder, da diese vorab nicht wissen können, ob sie für eine Sitzung als Ersatzmitglied teilnehmen müssen.

64. Bekomme ich vor der Sitzung eine Tagesordnung?

Ja, der Betriebsratsvorsitzende ist grundsätzlich **verpflichtet,** den Betriebsratsmitgliedern eine Tagesordnung zukommen zu lassen. Aus dieser muss ersichtlich sein, welche einzelnen Themen in der Betriebsratssitzung besprochen werden sollen.

Praxistipp

Der Betriebsratsvorsitzende kann, muss aber nicht zusammen mit der Einladung auch gleichzeitig die Tagesordnung bekannt geben. Aus praktischen Gesichtspunkten macht dies natürlich Sinn, zwingend notwendig ist dies jedoch nicht.

65. Muss ich an der Betriebsratssitzung teilnehmen, obwohl ich krank bin?

Nein, wenn ein Betriebsrat arbeitsunfähig krank ist, besteht **keine Verpflichtung,** an einer Betriebsratssitzung teilzunehmen, vielmehr ist der Betriebsrat in dieser Situation „verhindert" und es ist Aufgabe des Betriebsratsvorsitzenden, das zuständige Ersatzmitglied zu laden. Bei krankheitsbedingter Arbeitsunfähigkeit besteht aber nur eine **Vermutung für die Amtsunfähigkeit** des Betriebsratsmitglieds. Die Vermutung ist widerlegt, wenn ein erkranktes Mitglied des Betriebsrats dennoch zur Sitzung erscheint.

Praxistipp

Es ist also möglich, auch während einer Arbeitsunfähigkeit an einer Betriebsratssitzung teilzunehmen. Dies sollte jedoch eine Ausnahme sein und der behandelnde Arzt sollte auf jeden Fall bestätigen, dass durch die Teilnahme an der Sitzung der Gesundungsverlauf nicht verzögert wird.

66. Gibt es weitere Fälle der Verhinderung?

Weitere Fälle der Verhinderung sind zB **Urlaub, eine Dienstreise oder die Teilnahme an einer Schulungsveranstaltung.** Auch persönliche (Kinder)Betreuungsverpflichtungen können ein Grund für eine Verhinderung sein. Eine Verhinderung liegt auch vor, wenn das Betriebsratsmitglied unmittelbar selbst betroffen ist, wie beispielsweise bei einem **Versetzungsantrag.**

Praxistipp

Eine Verhinderung liegt damit nicht immer nur aus faktischen Gründen (zB Urlaub) vor, es gibt auch rechtliche Gründe für eine Verhinderung. Ein Betriebsratsmitglied darf nämlich nicht „Richter in eigener Angelegenheit" sein.

67. Was muss ich für den Fall der Verhinderung tun?

Im Fall der Verhinderung ist das Betriebsratsmitglied verpflichtet, den **Betriebsratsvorsitzenden** über den Verhinderungsfall **in Kenntnis zu setzen.**

Praxistipp

Das Betriebsratsmitglied ist nicht verpflichtet, für den Fall der eigenen Verhinderung ein Ersatzmitglied zu informieren und die Einladung / Tagesordnung an das Ersatzmitglied zu schicken. Dies ist Aufgabe des Betriebsratsvorsitzenden.

68. Was sind keine Fälle der Verhinderung?

Keine Fälle der Verhinderung sind **organisatorische Akte des Betriebsrats,** zB die Wahl des Betriebsratsvorsitzenden, des Stellvertreters, der Beschluss über die Teilnahme an Schulungsveranstaltungen oder eine Freistellung. Keine Verhinderung liegt vor, wenn ein Betriebsratsmitglied arbeitsfrei hat.

Praxistipp

Soweit die Organstellung des Betriebsratsmitglieds betroffen ist (Beschlussfassung über Schulungsteilnahme, Wahl zum Betriebsratsvorsitzenden) liegt kein Fall der Verhinderung vor, das jeweilige Mitglied darf mit abstimmen. Ein „Richter in eigener Angelegenheit" (und damit verhindert) ist das Betriebsratsmitglied, wenn es um die Rechte und Pflichten aus seinem Arbeitsverhältnis/Arbeitsvertrag geht.

69. Ist hoher Arbeitsanfall oder ein dringender Termin ein Grund für eine Verhinderung?

Ja, ein hoher Arbeitsanfall kann ein **Grund für eine Verhinderung** sein. Das Betriebsratsmitglied entscheidet in eigener Verantwortung darüber, welcher seiner beruflichen, privaten oder betriebsverfassungsrechtlichen Pflichten im Kollisionsfall der Vorrang einzuräumen ist (BAG 23.6.2010 – 7 ABR 103/08). Der Betriebsratsvorsitzende darf daher ohne eigene Ermittlungen davon ausgehen, dass sich ein Betriebsratsmitglied seiner gesetzlichen Pflicht zur Teilnahme an einer Betriebsratssitzung nicht ohne triftigen Grund entzieht und seine Verhinderung nur nach sachgerechter Abwägung unterschiedlicher Pflichten anzeigt.

70. Muss ich mich auch zu Betriebsratssitzungen beim Arbeitgeber abmelden?

Ja, auch für Betriebsratssitzungen besteht die **Verpflichtung** der einzelnen Betriebsratsmitglieder, sich zuvor beim Arbeitgeber **abzumelden.** Eine Ausnahme besteht nur dann, wenn dem Arbeitgeber die Termine der regelmäßigen Sitzungen und deren Teilnehmer bekannt sind.

Praxistipp

Hier gilt der Grundsatz: Lieber einmal zu viel, als einmal zu wenig.

71. Wer lädt zu den Betriebsratssitzungen ein?

Zu den Betriebsratssitzungen lädt der **Vorsitzende des Betriebsrats** ein. Soweit dieser verhindert ist, lädt der stellvertretende Betriebsratsvorsitzende zu den Sitzungen ein. Die Betriebsratsmitglieder selbst sind nicht befugt, zu einer Sitzung einzuladen.

Praxistipp

Der Betriebsrat kann in einer Geschäftsordnung eine abweichende Regelung treffen, zB dass die Einladung durch den Schriftführer erfolgt.

72. Kann eine Sitzung auch ohne Einladung spontan und ohne den Vorsitzenden abgehalten werden?

Nein, dies wäre eine sog. **Guerillasitzung.** Wenn jedoch ein Viertel der Mitglieder des Betriebsrats eine Sitzung verlangen, muss der Betriebsratsvorsitzende eine Sitzung anberaumen.

73. Sind wir mit einer geraden Anzahl von Betriebsratsmitgliedern beschlussfähig?

Ja, der Betriebsrat ist immer dann beschlussfähig, wenn **mindestens die Hälfte der Betriebsratsmitglieder an der Beschlussfassung** teilnimmt. Bei einer Stimmengleichheit ist ein Antrag abgelehnt.

74. Darf ich mich bei Abstimmungen enthalten?

Ja, eine **Enthaltung ist möglich.** Ein Betriebsratsmitglied hat die Wahl, ob es einen Antrag annehmen, ablehnen oder sich enthalten möchte. Die Beschlüsse des Betriebsrats werden, soweit im BetrVG nichts anderes bestimmt ist, mit der Mehrheit der Stimmen der anwesenden Mitglieder gefasst. Dies bedeutet in der Praxis faktisch, dass eine Enthaltung wie ein „Nein" gewertet wird.

75. Kann mir jemand vorschreiben, wie ich abzustimmen habe?

Nein, das Betriebsratsmitglied ist bei der Frage des Abstimmungsverhaltens **allein dem eigenen Gewissen** unterworfen. Insbesondere gibt es keinen „Fraktionszwang" oder Ähnliches.

76. Kann der Betriebsratsvorsitzende überstimmt werden?

Ja, der Betriebsratsvorsitzende kann überstimmt werden und hat dann (entgegen seinem eigenen Willen) die Aufgabe, den Betriebsratsbeschluss durchzuführen.

77. Darf der Betriebsratsvorsitzende alleine beschließen?

Nein, der Betriebsratsvorsitzende ist alleine in keiner Weise beschlussfähig. Es ist Aufgabe des Betriebsratsvorsitzenden die sog. **laufenden Angelegenheiten** des Betriebsrats zu erledigen. Dies sind beispielsweise die Vorbereitung beabsichtigter Beschlüsse sowie die Vorbereitung von Betriebsratssitzungen. Es zählen weiter dazu die Einholung von Auskünften, Vorbesprechungen mit dem Arbeitgeber, das Erstellen von Entwürfen einer Betriebsvereinbarung, die Entgegennahme von Anträgen der Arbeitnehmer sowie anfallende Schriftwechsel.

78. Was sind wichtige Beispiele für Betriebsratsbeschlüsse?

Wichtige (und regelmäßig vorkommende) Beschlüsse sind:

- Der Beschluss, ein (oder mehrere) Betriebsratsmitglieder auf eine Schulung zu entsenden (→ *Schulung und Arbeitsmittel / Frage 9: Was sind die formellen Voraussetzungen für den Besuch einer Schulung?*),
- Beschluss über personelle Maßnahmen nach § 99 BetrVG (zB eine Einstellung),
- Beschluss über die Anhörung zu einer geplanten Kündigung, § 102 BetrVG,
- Beschluss über eine Betriebsvereinbarung,
- Beschluss über eine Geschäftsordnung,
- Beschluss über die Anschaffung von Sachmitteln (→ *Schulung und Arbeitsmittel / Frage 210: Worin besteht der Unterschied zwischen der Kostentragungspflicht des Arbeitgebers gem. § 40 Abs. 1 und Abs. 2 BetrVG?*),
- Beschluss über die Mitglieder des Gesamtbetriebsrats/Konzernbetriebsrats (GBR/KBR),
- Beschluss über die Übertragung von Aufgaben an den GBR/KBR,
- Beschluss über das Anrufen der Einigungsstelle,
- Beschluss über die Einleitung eines Gerichtsverfahrens,
- Beschluss über die Hinzuziehung eines Sachverständigen und
- Beschluss über die Mitglieder des Wirtschaftsausschusses.

VI. Das Monatsgespräch

Das Monatsgespräch ist die **Kommunikationsplattform** zwischen dem Arbeitgeber und dem Betriebsrat. In dem Monatsgespräch sollen sämtliche betrieblichen Probleme mit dem ernsthaften Willen zu einer Einigung bzw. Lösung besprochen werden. In diesem Kapitel wird daher kurz behandelt, wie das Gespräch stattzufinden hat, was der Inhalt sein soll und welche weiteren Pflichten sich für den Arbeitgeber nach dem Gebot der vertrauensvollen Zusammenarbeit gegenüber dem Betriebsrat ergeben.

79. Was ist das Monatsgespräch?

Das Monatsgespräch ist eine **Besprechung** zwischen dem Arbeitgeber und dem Betriebsrat, in welcher mit dem ernsthaften Willen zur Einigung betriebliche Probleme besprochen werden. Es besteht eine gegenseitige Einlassungs- und Erörterungspflicht.

80. Darf ich am Monatsgespräch teilnehmen?

Ja, an dem Monatsgespräch kann der **gesamte Betriebsrat** teilnehmen. Der Arbeitgeber kann nicht verlangen, dass das Monatsgespräch mit nur einem Teil des Betriebsrats geführt wird.

81. Muss im Monatsgespräch ein Protokoll geschrieben werden?

Nein, in einem Monatsgespräch muss **kein Protokoll** geschrieben werden, es gibt keine Formvorschriften für die Einberufung und die Durchführung des Monatsgesprächs.

Praxistipp

Es ist natürlich sinnvoll, ein Protokoll zu schreiben. Im Gegensatz zum Protokoll der Betriebsratssitzung gibt es hierfür jedoch keine Formvorschriften.

82. Ersetzt das Monatsgespräch die Betriebsratssitzung?

Nein, das Monatsgespräch **ersetzt** die Betriebsratssitzung **nicht.** Der Betriebsrat fasst seine Beschlüsse immer im Rahmen einer Betriebsratssitzung und nicht in einem Monatsgespräch. Soweit der Arbeitgeber vom Betriebsrat im Monatsgespräch eine „Zustimmung“ verlangt, kann der Betriebsrat in dem Moment lediglich eine Absichtserklärung abgeben. Die Beschlussfassung selbst erfolgt dann in einer gesonderten Betriebsratssitzung.

Praxistipp

Oftmals finden Betriebsratssitzungen im direkten Anschluss an das Monatsgespräch statt. Eine Verbindung von Monatsgespräch und Betriebsratssitzung kann zwar vorgenommen werden. Jedoch erfährt so der Arbeitgeber vom Abstimmungsverhalten und kann darauf ggf. Einfluss nehmen, so dass in der Praxis davon abzuraten ist.

83. Muss das Monatsgespräch einmal im Monat stattfinden?

Nein, das Monatsgespräch **soll** gem. § 74 Abs. 1 BetrVG einmal im Monat stattfinden, dies ist jedoch **nicht verpflichtend.** Das Monatsgespräch kann in kürzeren oder auch in längeren Abständen geführt werden.

Praxistipp

Eine beharrliche Weigerung, am Monatsgespräch teilzunehmen, stellt einen Pflichtenverstoß gem. § 23 BetrVG dar.

84. Was bedeutet das Gebot der vertrauensvollen Zusammenarbeit?

Das Gebot der vertrauensvollen Zusammenarbeit bedeutet, dass die Arbeit zwischen dem Betriebsrat und dem Arbeitgeber mit **„Ehrlichkeit und Offenheit“** zu erfolgen hat (BAG 22.5.1959 – 1 ABR 2/59). § 2 Abs. 1 BetrVG ist bei der Auslegung der gesamten Vorschriften des BetrVG zu beachten und wirkt so direkt auf den Inhalt aller Einzelrechte und -pflichten der Betriebspartner ein. Adressat des Gebots sind in erster Linie die **Betriebspartner**, also Arbeitgeber und Betriebsrat.

85. Was sind Verstöße des Arbeitgebers gegen das Gebot der vertrauensvollen Zusammenarbeit?

Verstöße gegen das Gebot der vertrauensvollen Zusammenarbeit sind unter anderem:

- Wiederholte verspätete und/oder unvollständige Unterrichtung des Betriebsrats.
- Abmahnung eines Betriebsratsmitglieds für ein Verhalten, das nicht auch eine Verletzung des Arbeitsvertrags ist.
- Verstöße gegen das Verbot der Wahlbehinderung oder Wahlbeeinflussung.
- Bekanntgabe von Fehlzeiten der Betriebsratsmitglieder über Aushang am Schwarzen Brett.

- Unsachliche Information über die Kosten der Betriebsratsarbeit.
- Drohung, die jährliche Weihnachtsfeier abzusetzen, für den Fall, dass der Betriebsrat der Verlängerung der Arbeitszeit nicht zustimmt.
- Erlass von Sicherheitsanweisungen ohne Absprache mit dem Betriebsrat.
- Erlass einer Dienstkleiderordnung ohne Mitbestimmung des Betriebsrats.
- Absage von Schichten ohne Mitbestimmung des Betriebsrats.
- Videokamera an Arbeitsplätzen ohne vorherige Mitbestimmung des Betriebsrats.
- Wiederholte Anordnung von Überstunden unter Verletzung des Mitbestimmungsrechts des Betriebsrats.
- Wiederholte Anordnung von Arbeit während der in Dienstplänen festgelegten Pausenzeiten.
- Die Verletzung der Unterrichtungspflicht über die wirtschaftliche Lage und Entwicklung des Unternehmens gegenüber der Belegschaft.
- Grundlose Verweigerung des Zutritts zum Betrieb gegenüber einer im Betrieb vertretenen Gewerkschaft.
- Verspätete und/oder unvollständige Unterrichtung des Betriebsrats bei personellen Einzelmaßnahmen, insbesondere bei Einstellungen und Versetzungen.

VII. Der Schulungsanspruch

Betriebsräte sind in der Regel keine Volljuristen, sondern müssen sich in das Betriebsverfassungsgesetz (BetrVG) und alle weiteren im Arbeitsrecht wichtigen Vorschriften erst einarbeiten. Der Gesetzgeber hat daher den Betriebsräten einen besonderen Schulungsanspruch zuerkannt. Welche Schulungen vom Betriebsrat besucht werden können, wie viele dies sind und was der Betriebsrat dabei beachten muss, ist im nachfolgenden Kapitel dargestellt.

86. Ich darf nur vier Wochen lang an Schulungen pro Amtsperiode teilnehmen, stimmt das?

Nein, das stimmt nicht. Das Gesetz unterscheidet in § 37 BetrVG zwischen sog. **erforderlichen Schulungen** (§ 37 Abs. 6 BetrVG) (→ *Schulung und Arbeitsmittel / Frage 2: Was ist der Zweck des Schulungsanspruchs gem. § 37 Abs. 6 BetrVG?*) und sog. **geeigneten Schulungen** (§ 37 Abs. 7 BetrVG) (→ *Schulung und Arbeitsmittel / Frage 158: Was ist der Zweck des Schulungsanspruchs gem. § 37 Abs. 7 BetrVG?*). Der Anspruch auf Teilnahme an erforderlichen Schulungen iSd § 37 Abs. 6 BetrVG ist zeitlich nicht beschränkt. Der Irrglaube, ein Betriebsrat habe nur einen Schulungsanspruch von vier Wochen während der Amtszeit, rührt aus dem § 37 Abs. 7 BetrVG und verkennt, dass die beiden Ansprüche auf erforderliche und geeignete Schulungen nebeneinander bestehen.

87. Muss ich mir vom Arbeitgeber einen Seminaranbieter vorschreiben lassen?

Nein, die **Auswahl** eines Seminaranbieters **obliegt dem Betriebsrat.** Der Betriebsrat kann sich dabei insbesondere von dem Gedankengang „bekannt und bewährt“ leiten lassen.

88. Muss der Betriebsrat den günstigsten Seminaranbieter wählen?

Nein, der Betriebsrat muss nicht den günstigsten Seminaranbieter wählen, sondern hat bei der Auswahl des Anbieters einen **Entscheidungsspielraum.** Soweit die Kosten eines teureren Seminaranbieters angemessen sind, ist ein Arbeitgeber grds. verpflichtet, diese zu übernehmen (→ *Schulung und Arbeitsmittel / Frage 7: Muss der Betriebsrat immer* *den gleichen Anbieter wählen?*; → *Schulung und Arbeitsmittel / Frage 103: Muss der Betriebsrat immer den günstigsten Schulungsanbieter wählen?*).

89. Darf ich als Gewerkschaftsmitglied auch Nichtgewerkschaftsseminare besuchen?

Ja, es ist **kein Problem** (→ *Schulung und Arbeitsmittel / Frage 6: Darf ich Seminare gewerkschaftlicher Anbieter besuchen, wenn mein Arbeitgeber nicht tarifgebunden ist oder die Gewerkschaft nicht für meinen Betrieb zuständig ist?*). Auch hier gilt, dass sich der Betriebsrat den Seminaranbieter seines Vertrauens heraussuchen kann.

90. Sind Grundlagenschulungen „erforderliche Schulungen"?

Ja, **Grundlagenschulungen** aus dem **Betriebsverfassungsrecht und dem Arbeitsrecht** sind erforderliche Schulungen. Erforderliche Schulungen vermitteln dem Betriebsrat Kenntnisse, die zur Durchführung der Betriebsratsarbeit notwendig sind (→ *Schulung und Arbeitsmittel / Frage 29: Wann ist eine Schulungsveranstaltung erforderlich iSd § 37 Abs. 6 BetrVG?*). Nach der Rechtsprechung des Bundesarbeitsgerichts ist die Vermittlung von Kenntnissen erforderlich, wenn diese unter Berücksichtigung der konkreten Verhältnisse im Betrieb und im Betriebsrat notwendig sind, damit der Betriebsrat seine gegenwärtigen oder in naher Zukunft anstehenden Aufgaben fachgerecht erfüllen kann.

→ *Muster 3: Liste erforderlicher Schulungen*

91. Wie viele erforderliche Schulungen darf ich als Betriebsrat besuchen?

Ein Betriebsratsmitglied darf so viele Schulungen besuchen, wie **zur ordnungsgemäßen Durchführung eines Betriebsratsamts** notwendig sind. Eine maximale Gesamtzahl kann vorab nicht festgelegt werden, sondern es hängt jeweils von dem Betriebsrat und der betrieblichen Situation ab.

Praxistipp

Die Rechtsprechung unterscheidet zwischen sog. Grundlagenschulungen (→ Schulung und Arbeitsmittel / Frage 34: Was zählt zu den Grundkenntnissen im Betriebsverfassungsrecht, die in Grundlagenschulungen vermittelt werden?) und erforderlichen Schulungen zu Spezialthemen (→ Schulung und Arbeitsmittel / Frage 40: Was sind Spezialschulungen?). Jedes Betriebsratsmitglied hat einen Anspruch darauf, an Grundlagenschulungen teilzunehmen, hierzu bedarf es keiner näheren Begründung. Bei den erforderlichen Schulungen zu Spezialthemen kommt es jeweils auf die betriebliche Situation an, außerdem muss der Betriebsrat die Notwendigkeit für die Teilnahme an der Schulung begründen können.

→ *Muster 3: Liste erforderlicher Schulungen*

92. Der Arbeitgeber behauptet, das Budget für Schulungen sei aufgebraucht, ist das rechtens?

Nein, die Schulungskosten wie auch die sonstigen Kosten des Betriebsrats dürfen **nicht budgetiert** werden (→ *Schulung und Arbeitsmittel / Frage 110: Darf der Arbeitgeber Schulungskosten des Betriebsrats vom Budget für allgemeine Fortbildungen im Betrieb abziehen?*).

Praxistipp

Die Budgetierung von Betriebsratskosten kann unter Umständen einen Straftatbestand iSv § 119 BetrVG erfüllen. Es kommt aber oftmals in Betrieben vor, dass der Arbeitgeber für eine „grobe Rahmenplanung" wissen möchte, wie viele Schulungsveranstaltungen er zahlen muss. Nach dem Gebot der vertrauensvollen Zusammenarbeit spricht nichts gegen eine unverbindliche Rahmenplanung durch den Betriebsrat. Der Betriebsrat muss aber immer im Hinterkopf behalten, dass eine Budgetierung grds. unzulässig ist.

93. Was ist, wenn der Arbeitgeber die Schulung zum geplanten Termin aus betrieblichen Gründen nicht für notwendig hält?

Der Betriebsrat muss nach dem Gebot der vertrauensvollen Zusammenarbeit bei der Planung von Schulungsveranstaltungen auch die **betrieblichen Notwendigkeiten des Arbeitgebers berücksichtigen.** Soweit ein Arbeitgeber vorträgt, diese seien nicht ausreichend berücksichtigt worden, obliegt es jedoch dem Arbeitgeber, wenn sich keine Einigung findet, die Einigungsstelle anzurufen. Soweit der Arbeitgeber dies nicht innerhalb von zwei Wochen nach Mitteilung des Betriebsrats vornimmt, ist davon auszugehen, dass der Arbeitgeber gegen die beabsichtigte Schulungsteilnahme des Betriebsratsmitglieds keine Bedenken erhebt (Fitting BetrVG § 37 Rn. 244) (→ *Schulung und Arbeitsmittel / Frage 115: Was passiert, wenn der Arbeitgeber bei der Festlegung der zeitlichen Lage durch den Betriebsrat die betrieblichen Notwendigkeiten für nicht ausreichend berücksichtigt hält?*).

VIII. Sachmittel und Sachverständiger

Neben der Notwendigkeit, geschult zu werden, muss ein Betriebsrat natürlich auch mit Sachmitteln ausgestattet werden. Weiterhin hat der Gesetzgeber dem Betriebsrat an verschiedenen Stellen das Recht zugesprochen, sich zur Unterstützung sachverständigen Rat einzuholen. In diesem Kapitel wird daher abgehandelt, wann der Betriebsrat einen Anspruch darauf hat, Sachmittel zu erhalten und wann ein Betriebsrat sachverständigen Rat oder sonstige Hilfe in Anspruch nehmen kann.

94. Muss der Arbeitgeber Sachmittel für den Betriebsrat bezahlen?

Ja, ein Arbeitgeber muss gem. § 40 BetrVG die **notwendigen Kosten der Betriebsratsarbeit** zahlen. Der Betriebsrat muss dabei beachten, dass der Arbeitgeber nicht jegliche Kosten zu zahlen hat, sondern jeweils nur die notwendigen Kosten übernehmen muss (→ *Schulung und Arbeitsmittel / Frage 210: Worin besteht der Unterschied zwischen der Kostentragungspflicht des Arbeitgebers gem. § 40 Abs. 1 und Abs. 2 BetrVG?*). Im Zweifelsfall muss der Betriebsrat die Notwendigkeit also begründen können.

95. Wie lassen sich Gerichtsverfahren zwischen Betriebsrat und Arbeitgeber vermeiden?

Der Betriebsrat hat die Möglichkeit, zur Vermeidung eines Gerichtsverfahrens gem. § 40 BetrVG einen Rechtsanwalt zu beauftragen, der den Arbeitgeber „letztmalig“ zur Vermeidung eines gerichtlichen Streits im Namen des Betriebsrats anschreibt.

96. Muss der Arbeitgeber der Beauftragung eines Anwalts gem. § 40 BetrVG vorher zustimmen?

Nein, der Arbeitgeber muss der Beauftragung eines Rechtsanwaltes gem. § 40 BetrVG in der Regel **nicht vorher zustimmen.** Eine solche Beauftragung kann der Betriebsrat nach seinem eigenen Ermessen beschließen. Dies gilt jedoch nur dann, wenn die Beauftragung eines Rechtsanwalt in einem Streitfall bzw. zur Vermeidung eines Rechtsstreits erforderlich war, also z. B. wenn der Rechtsanwalt ein Schreiben an den Arbeitgeber aufsetzen oder den Betriebsrat vor Gericht vertreten soll.

Wird der Rechtsanwalt dagegen als Berater hinzugezogen, indem er mit einem Gutachten zur Klärung einer allgemeinen Rechtsfrage beauftragt wird, dann gilt er als Sachverständiger iSd § 80 Abs. 3 BetrVG (Fitting BetrVG § 80 Rn. 91) mit der Folge, dass die Beauftragung im Vorfeld mit dem Arbeitgeber vereinbart werden muss (→ *Frage 97: Der Betriebsrat braucht einen Sachverständigen als Berater, muss der Arbeitgeber zustimmen?*).

97. Der Betriebsrat braucht einen Sachverständigen als Berater, muss der Arbeitgeber zustimmen?

Ja, für die Beauftragung eines Sachverständigen bedarf es **vorab** mit dem Arbeitgeber einer sog. **näheren Vereinbarung** iSd § 80 Abs. 3 BetrVG. Dies bedeutet, dass der Arbeitgeber dem Gegenstand der Beauftragung sowie den Bedingungen des Sachverständigen vorab zustimmen muss.

Wird ein Rechtsanwalt beauftragt, ist zu unterscheiden, ob er als Sachverständiger tätig wird oder den Betriebsrat in einer Streitfrage rechtlich vertritt (näher dazu → *Frage 96: Muss der Arbeitgeber der Beauftragung eines Anwalts gem. § 40 BetrVG vorher zustimmen?*).

Praxistipp

Sollte ein Arbeitgeber zur Hinzuziehung eines Sachverständigen keine Zustimmung erteilen, kann der Betriebsrat darüber nachdenken, die Hinzuziehung des Sachverständigen über das Arbeitsgericht einzuklagen. Die Einleitung eines solchen Prozesses bedarf nicht der vorherigen Zustimmung des Arbeitgebers, sondern die dort anfallenden und notwendigen Kosten fallen unter die Vorschrift des § 40 BetrVG.

IX. Übersicht über die Beteiligungsrechte des Betriebsrats

Dieses Kapitel dient dazu, dem neuen Betriebsrat eine kurze Übersicht zu geben, welche Formen der Beteiligungsrechte das Betriebsverfassungsgesetz (BetrVG) dem Betriebsrat zuspricht. Die einzelnen Beteiligungsrechte und deren inhaltliche Reichweite im Detail darzustellen würde den Umfang dieses Kapitels sprengen. Gerade in Bezug auf die Beteiligungsrechte ist jedem neuen Betriebsrat anzuraten, eine Schulungsveranstaltung zu besuchen, in der vertieft auf diese Themenbereiche eingegangen wird.

98. Was sind die allgemeinen Aufgaben des Betriebsrats?

Der Betriebsrat hat die Aufgabe,

- darüber zu wachen, dass die zugunsten der Arbeitnehmer geltenden Gesetze, Verordnungen, Unfallverhütungsvorschriften, Tarifverträge und Betriebsvereinbarungen durchgeführt werden;
- Maßnahmen, die dem Betrieb und der Belegschaft dienen, beim Arbeitgeber zu beantragen;
- die Durchsetzung der tatsächlichen Gleichstellung von Frauen und Männern, insbesondere bei der Einstellung, Beschäftigung, Aus-, Fort- und Weiterbildung und dem beruflichen Aufstieg, zu fördern;
- die Vereinbarkeit von Familie und Erwerbstätigkeit zu fördern;
- Anregungen von Arbeitnehmern der Jugend- und Auszubildendenvertretung entgegenzunehmen und, falls sie berechtigt erscheinen, durch Verhandlungen mit dem Arbeitgeber auf eine Erledigung hinzuwirken; er hat die betreffenden Arbeitnehmer über den Stand und das Ergebnis der Verhandlungen zu unterrichten;
- die Eingliederung Schwerbehinderter und sonstiger besonders schutzbedürftiger Personen zu fördern;
- die Wahl einer Jugend- und Auszubildendenvertretung vorzubereiten und durchzuführen und mit dieser zur Förderung der Belange der in § 60 Abs. 1 BetrVG genannten Arbeitnehmer eng zusammenzuarbeiten; er kann von der Jugend- und Auszubildendenvertretung Vorschläge und Stellungnahmen anfordern;
- die Beschäftigung älterer Arbeitnehmer im Betrieb zu fördern;

- die Integration ausländischer Arbeitnehmer im Betrieb und das Verständnis zwischen ihnen und den deutschen Arbeitnehmern zu fördern sowie Maßnahmen zur Bekämpfung von Rassismus und Fremdenfeindlichkeit im Betrieb zu beantragen;
- die Beschäftigung im Betrieb zu fördern und zu sichern;
- Maßnahmen des Arbeitsschutzes und des betrieblichen Umweltschutzes zu fördern.

Praxistipp

Der Betriebsrat hat beispielsweise die Aufgabe darüber zu wachen, dass das Arbeitszeitgesetz (ArbZG), die zulässigen Höchstarbeitszeiten und die Ruhezeiten eingehalten werden. Die obige Auflistung stellt nur eine kurze Übersicht dar, jedes Betriebsratsmitglied sollte sich im Rahmen einer Fortbildung mit den Aufgaben des Betriebsrats befassen.

99. Kann der Betriebsrat die Einhaltung einer Unfallverhütungsvorschrift gem. § 80 Abs. 1 Nr. 1 BetrVG einklagen?

Nein, so weit geht die Kompetenz des Betriebsrats aus § 80 BetrVG nicht. Der Betriebsrat hat hier lediglich die Aufgabe, die **Einhaltung zu überwachen.** Dies allein rechtfertigt aber noch keinen einklagbaren Anspruch. Mit der Durchführung der Überwachung hat der Betriebsrat seine Grenzen zumindest aus der Vorschrift § 80 BetrVG erreicht (Fitting BetrVG § 80 Rn. 14).

Praxistipp

Der Betriebsrat sollte natürlich prüfen, ob die Einhaltung nicht auf anderem Wege erreicht werden kann. Allein aus der Kontrollaufgabe ergibt sich in der Regel noch nicht die Kompetenz des Betriebsrats, den Arbeitgeber auf Einhaltung „zu verklagen". Dies kann sich aber aus anderen Bestimmungen des BetrVG ergeben.

100. Muss der Arbeitgeber dem Betriebsrat für die Betriebsratsarbeit betriebliche Unterlagen zur Verfügung stellen?

Ja, ein Arbeitgeber ist **verpflichtet,** dem Betriebsrat die zur Durchführung seiner Aufgaben **notwendigen Unterlagen** zur Verfügung zu stellen. Dies können beispielsweise Auszüge aus den Überstundenstatistiken, Arbeitszeitjournalen, Krankheitsstatistiken etc. sein. Nach § 80 Abs. 2 BetrVG hat der Arbeitgeber dem Betriebsrat sämtliche Unterlagen zur Verfügung zu stellen, die der Betriebsrat zur Erfüllung seiner Aufgaben benötigt.

Praxistipp

Der Betriebsrat bekommt somit nicht ohne konkreten Anlass Unterlagen vom Arbeitgeber, sondern braucht dazu immer einen Bezug zu seiner Tätigkeit. Wenn ein solcher Aufgabenbezug besteht, ist der Arbeitgeber wiederum verpflichtet, dem Betriebsrat Unterlagen zur Verfügung zu stellen.

101. Was sind Informationsrechte des Betriebsrats?

Informationsrechte verpflichten den Arbeitgeber, den Betriebsrat über **gewisse Umstände im Betrieb (lediglich) zu informieren.** Mit der Weitergabe der Information hat der Arbeitgeber die ihm obliegenden Verpflichtungen aus dem BetrVG erfüllt.

Beispiel

Der Arbeitgeber plant die Beschäftigung eines leitenden Angestellten. Gem. § 105 BetrVG hat der Arbeitgeber den Betriebsrat hierüber rechtzeitig zu informieren.

102. Was sind Beratungsrechte des Betriebsrats?

Beratungsrechte gehen wesentlich weiter als die reinen Informationsrechte. Der Arbeitgeber ist verpflichtet, mit dem Betriebsrat über den jeweiligen Gegenstand zu beraten. Eine Beratung ist ein „Mehr" gegenüber einer reinen Information durch den Arbeitgeber und kann gedanklich erst dann erfolgen, nachdem der Arbeitgeber den Betriebsrat ausreichend informiert hat.

Praxistipp

Eine Beratungspflicht für den Arbeitgeber besteht beispielsweise im Rahmen der Personalplanung gem. § 92 BetrVG. Die Verpflichtung zur Beratung heißt aber nicht, dass der Arbeitgeber auf Anregungen des Betriebsrats eingehen oder diese umsetzen muss.

103. Was bedeuten die Mitbestimmungsrechte des Betriebsrats?

Mitbestimmung iSd BetrVG bedeutet, dass der Betriebsrat in den gesetzlich festgelegten Angelegenheiten **auf Augenhöhe** mit dem Arbeitgeber steht und der Arbeitgeber eine Maßnahme oder eine Regelung nur einführen (ggf. abschaffen) kann, wenn er mit dem Betriebsrat hierüber zuvor eine Einigung erzielt hat. Mitbestimmung ist diesbezüglich wörtlich auszulegen. Der Betriebsrat kann über eine Angelegenheit „mitbestimmen", hat also ein echtes **Mitentscheidungsrecht.**

Praxistipp

Die Mitbestimmung des Betriebsrats führt sowohl auf Seiten des Arbeitgebers als auch auf Seiten des Betriebsrats nicht selten zu Irritationen. Zum einen ist es für den Arbeitgeber ungewohnt, dass ein Gremium, das nicht „Bestandteil der Geschäftsführung" ist, mit der Geschäftsführung auf Augenhöhe diskutiert und die Geschäftsführung ohne eine Einigung mit dem Betriebsrat eine Maßnahme oder eine Regelung nicht wirksam einführen kann. Zum anderen ist es für den Betriebsrat ungewohnt, oder diesem oftmals auch unbekannt, wie weit und bis in welches Detail hinein die Mitbestimmung des Betriebsrats reicht. Gerade unter diesem Gesichtspunkt ist den Betriebsräten dringend anzuraten, ein entsprechendes Seminar zu besuchen.

→ Muster 4: Liste ausgewählter Mitbestimmungstatbestände

104. Kann der Betriebsrat eine Lohnerhöhung erzwingen?

Nein, der Betriebsrat kann keine Lohnerhöhung erzwingen. Das ist die **Aufgabe der Gewerkschaften,** nicht des Betriebsrats. Soweit im Betrieb keine Gewerkschaft vorhanden ist, kann der Betriebsrat mit dem Arbeitgeber hierüber Gespräche führen, hat aber nicht die Kompetenzen einer Gewerkschaft, kann also beispielsweise nicht zum Streik aufrufen.

Muster

Muster 1: Vergleich der einzelnen Gremien

	der örtliche Betriebsrat	Gesamtbetriebsrat	Konzernbetriebsrat
Wird gewählt durch	Die wahlberechtigten Arbeitnehmer des Betriebs.	Ist bei mehreren Betrieben im Unternehmen **zwingend** einzurichten. Der Betriebsrat der Hauptverwaltung des Unternehmens oder, soweit ein solcher Betriebsrat nicht besteht, der Betriebsrat des nach der Zahl der wahlberechtigten Arbeitnehmer größten Betriebs hat das Initiativrecht.	**Fakultativ,** die Errichtung erfordert die Zustimmung der Gesamtbetriebsräte der Konzernunternehmen, in denen insgesamt mehr als 50 vom Hundert der Arbeitnehmer der Konzernunternehmen beschäftigt sind.
Dauer der Amtsperiode	Grundsätzlich vier Jahre.	Es gibt keine feste Amtsperiode, die einzelnen Gremien entsenden jeweils die Mitglieder.	Es gibt keine feste Amtsperiode, die Gremien entsenden jeweils die Mitglieder.
Besetzt durch	Die zum Betriebsrat gewählten Betriebsratsmitglieder.	Der Betriebsrat mit bis zu drei Mitgliedern entsendet ein Mitglied; jeder Betriebsrat mit mehr als drei Mitgliedern entsendet zwei seiner Mitglieder.	In den Konzernbetriebsrat entsendet jeder Gesamtbetriebsrat zwei seiner Mitglieder.
Zuständig für	Alle Angelegenheiten im Rahmen der örtlichen Zuständigkeit.	Angelegenheiten, die zwingend im Unternehmen einheitlich geregelt werden müssen und nicht durch die örtlichen Betriebsräte geregelt werden können.	Der Konzernbetriebsrat ist zuständig für die Behandlung von Angelegenheiten, die den Konzern oder mehrere Konzernunternehmen betreffen und nicht durch die einzelnen Gesamtbetriebsräte innerhalb ihrer Unternehmen geregelt werden können.
Zuständigkeit durch Beschluss übertragbar		Durch einen qualifizierten Mehrheitsbeschluss kann der örtliche Betriebsrat dem Gesamtbetriebsart eine Angelegenheit übertragen.	Der Gesamtbetriebsrat kann mit der Mehrheit der Stimmen seiner Mitglieder den Konzernbetriebsrat beauftragen, eine Angelegenheit für ihn zu behandeln.
Stimmgewichtung	Jedes Betriebsratsmitglied hat eine Stimme.	Jedes Mitglied des Gesamtbetriebsrats hat so viele Stimmen, wie in dem Betrieb, in dem es gewählt wurde, wahlberechtigte Arbeitnehmer in der Wählerliste eingetragen sind.	Jedem Mitglied des Konzernbetriebsrats stehen die Stimmen der Mitglieder des entsendenden Gesamtbetriebsrats je zur Hälfte zu.
Beschlussfähig wenn	Mindestens die Hälfte der Betriebsratsmitglieder nimmt an der Beschlussfassung teil.	Die Hälfte seiner Mitglieder nimmt an der Beschlussfassung teil und die Teilnehmenden vertreten mindestens die Hälfte aller Stimmen.	Die Hälfte seiner Mitglieder nimmt an der Beschlussfassung teil und die Teilnehmenden vertreten mindestens die Hälfte aller Stimmen.
Antrag angenommen wenn	Die Mehrheit der Anwesenden votiert mit „ja".	Die Mehrheit der Stimmen der anwesenden Mitglieder votiert mit „ja".	Die Mehrheit der Stimmen der anwesenden Mitglieder votiert mit „ja".

Muster 2: Was ist ein betriebsbedingter/betriebsratsbedingter Grund iSd § 37 Abs. 3 BetrVG?

Grund für die Tätigkeit zum konkreten Zeitpunkt	wird gewertet als:
Ein in Wechselschicht beschäftigter Arbeitnehmer ist außerhalb seiner Arbeitszeit tätig. Er opfert Freizeit, um an den außerhalb der Schichtzeit liegenden Betriebsratssitzungen teilzunehmen.	betriebsbedingt
Der Betriebsrat hat so viel Betriebsratsarbeit zu tun, dass er diese während der Arbeitszeit nicht schafft.	betriebsratsbedingt, anders ggf. bei einer Teilzeitkraft
Ein Betriebsratsmitglied unterbricht seinen Urlaub, um an einer Betriebsratssitzung teilzunehmen.	betriebsratsbedingt
Betriebsrat in beruflicher Schlüsselstellung hat keine Zeit für Betriebsratsarbeit während der Arbeitszeit.	betriebsbedingt
Der Arbeitgeber wünscht, dass die Betriebsratsarbeit außerhalb der Arbeitszeit stattfindet.	betriebsbedingt
Verhandlungen mit dem Arbeitgeber gehen über die Arbeitszeit hinaus.	betriebsbedingt
Betriebsratssitzung in den Abendstunden, weil sonst ein Gewerkschaftsvertreter nicht teilnehmen kann.	betriebsratsbedingt
Reise am Vorabend zu einer entfernten Gesamtbetriebsratssitzung (Hamburg-München), wenn Arbeitsbefreiung aus betrieblichen Gründen nicht in Anspruch genommen werden kann (zB am Sonntag).	betriebsbedingt

Muster 3: Liste erforderlicher Schulungen

Bitte beachten Sie, dass diese Übersicht nur eine kurze Zusammenfassung wichtiger Schulungsthemen darstellt, es gibt noch viele weitere Schulungsthemen. Es ist immer eine konkrete Einzelfallbetrachtung geboten. Siehe dazu auch → *Schulung und Arbeitsmittel / I. Einleitung*

Schulungsthema	Begründung
Grundlagenschulungen zum Arbeitsrecht	Keine nähere Begründung erforderlich.
Schulungen über die Arbeitssicherheit	Ggf. Beschränkung auf einige Betriebsratsmitglieder.
Schulungen zum Recht des Sozialplans	Bei bevorstehenden Betriebsänderungen.
Arbeitszeit	Ggf. Beschränkung auf einige Betriebsratsmitglieder.
Rechte und Pflichten des Betriebsrats im Arbeitskampf	Wenn ein solcher droht.
Protokoll- und Schriftführung im Betriebsrat	Schulung, die Kenntnisse für einen nicht unwesentlichen Teil des Betriebsverfassungsrechts vermitteln.
Rhetorikseminare und „Schriftliche Kommunikationstechniken" für einen Betriebsratsvorsitzenden oder seinen Stellvertreter	Erforderlich ist die Teilnahme nur dann, wenn das entsandte Betriebsratsmitglied im Betriebsrat eine derart herausgehobene Stellung einnimmt, dass gerade seine Schulung für die Betriebsratsarbeit notwendig ist.
Datenschutz im Betrieb	Ggf. Beschränkung auf einige Betriebsratsmitglieder.
Einsatz eines PC für die Erledigung von Betriebsaufgaben	Ggf. Beschränkung auf einige Betriebsratsmitglieder.

Mobbing	Sofern eine betriebliche Konfliktlage besteht, aus der sich ein Handlungsbedarf des Betriebsrats zur Wahrnehmung seiner gesetzlichen Aufgabenstellung ergibt und zu der das auf der Schulung vermittelte Wissen benötigt wird.
Akkordentlohnung und das ihr zugrunde liegende arbeitswissenschaftliche System	Für den Fall, dass im Betrieb im Akkord gearbeitet wird.
Schichtplangestaltung	Ggf. Beschränkung auf einige Betriebsratsmitglieder.
sexuelle Belästigung am Arbeitsplatz	Ggf. Beschränkung auf einige Betriebsratsmitglieder.
Suchtkrankheiten am Arbeitsplatz	Ggf. Beschränkung auf einige Betriebsratsmitglieder.
Burnout	Ggf. Beschränkung auf einige Betriebsratsmitglieder.
Betrieblicher Arbeits- und Gesundheitsschutz	Ggf. Beschränkung auf einige Betriebsratsmitglieder.
Aids-Erkrankungen und HIV-Infektion	Wenn ein besonderer Bezug zum Betrieb gegeben ist.
Personalinformationssystem, Datenschutz und Bildschirmtext	Ggf. Beschränkung auf einige Betriebsratsmitglieder.
Konflikte mit dem Arbeitgeber lösen	Wenn Konflikte mit dem Arbeitgeber bestehen, sodass auf Grund der Konfliktsituation eine vertrauensvolle Zusammenarbeit zwischen Arbeitgeber und Betriebsrat verhindert wird.
Schulung über die menschengerechte Gestaltung von Arbeitsplatz, Arbeitsablauf und Arbeitsumgebung	Wenn Änderungen oder Planungen im Betrieb konkret anstehen.

Muster 4: Liste ausgewählter Mitbestimmungstatbestände

Gesetzliche Vorschrift	**Inhalt**
§ 38 Abs. 2 BetrVG	Freistellung der Betriebsratsmitglieder.
§ 39 Abs. 1 BetrVG	Zeit und Ort der Betriebsratssprechstunden.
§ 85 Abs. 2 BetrVG	Entscheidung über die Berechtigung der Beschwerde eines Arbeitnehmers.
§ 87 Abs. 1 BetrVG	Soweit eine tarifliche oder gesetzliche Regelung nicht besteht: – Fragen der Ordnung des Betriebs und des Verhaltens der Arbeitnehmer im Betrieb; – Beginn und Ende der täglichen Arbeitszeit einschließlich der Pausen sowie Verteilung der Arbeitszeit auf die einzelnen Wochentage; – vorübergehende Verkürzung oder Verlängerung der betriebsüblichen Arbeitszeit; – Zeit, Ort und Art der Auszahlung der Arbeitsentgelte; – Aufstellung allgemeiner Urlaubsgrundsätze und des Urlaubsplans sowie die Festsetzung der zeitlichen Lage des Urlaubs für einzelne Arbeitnehmer, wenn zwischen dem Arbeitgeber und den beteiligten Arbeitnehmern kein Einverständnis erzielt wird; – Einführung und Anwendung von technischen Einrichtungen, die dazu bestimmt sind, das Verhalten oder die Leistung der Arbeitnehmer zu überwachen; – Regelungen über die Verhütung von Arbeitsunfällen und Berufskrankheiten sowie über den Gesundheitsschutz im Rahmen der gesetzlichen Vorschriften oder der Unfallverhütungsvorschriften; – Form, Ausgestaltung und Verwaltung von Sozialeinrichtungen, deren Wirkungsbereich auf den Betrieb, das Unternehmen oder den Konzern beschränkt ist;

	– Zuweisung und Kündigung von Wohnräumen, die den Arbeitnehmern mit Rücksicht auf das Bestehen eines Arbeitsverhältnisses vermietet werden, sowie die allgemeine Festlegung der Nutzungsbedingungen; – Fragen der betrieblichen Lohngestaltung, insbesondere die Aufstellung von Entlohnungsgrundsätzen und die Einführung und Anwendung von neuen Entlohnungsmethoden sowie deren Änderung; – Festsetzung der Akkord- und Prämiensätze und vergleichbarer leistungsbezogener Entgelte, einschließlich der Geldfaktoren; – Grundsätze über das betriebliche Vorschlagswesen; – Grundsätze über die Durchführung von Gruppenarbeit; Gruppenarbeit im Sinne dieser Vorschrift liegt vor, wenn im Rahmen des betrieblichen Arbeitsablaufs eine Gruppe von Arbeitnehmern eine ihr übertragene Gesamtaufgabe im Wesentlichen eigenverantwortlich erledigt; – Ausgestaltung von mobiler Arbeit, die mittels Informations- und Kommunikationstechnik erbracht wird.
§ 91 BetrVG	Milderung oder zum Ausgleich der Belastung der Arbeitnehmer bei Änderungen der Arbeitsplätze, des Arbeitsablaufs oder der Arbeitsumgebung, die den gesicherten arbeitswissenschaftlichen Erkenntnissen über die menschengerechte Gestaltung der Arbeit offensichtlich widersprechen.
§ 94 BetrVG	Einführung von Personalfragebogen und für persönliche Angaben in schriftlichen Arbeitsverträgen, die allgemein für den Betrieb verwendet werden sollen, sowie für die Aufstellung allgemeiner Beurteilungsgrundsätze.
§ 95 BetrVG	Richtlinien über die personelle Auswahl bei Einstellungen, Versetzungen, Umgruppierungen. In Betrieben mit mehr als 500 Arbeitnehmern kann der Betriebsrat die Aufstellung von Richtlinien und über die bei Einstellungen, Versetzungen, Umgruppierungen zu beachtenden fachlichen und persönlichen Voraussetzungen und sozialen Gesichtspunkte verlangen.
§ 97 Abs. 2 BetrVG	Einführung von Maßnahmen der betrieblichen Berufsbildung.
§ 98 Abs. 4 BetrVG	Durchführung von betrieblichen Bildungsmaßnahmen.
§ 109 BetrVG	Reichweite der Auskunftsverpflichtung gegenüber dem Wirtschaftsausschuss.
§ 112 BetrVG	Aufstellen eines Sozialplans.